THE
VEZE TE FRESHTA
LIBËR GATIMIN

100 MËNYRA TË MREKULLUESHME PËR TË GATUAR VEZË TË FRESHTA

Migena Pepa

Të gjitha të drejtat e rezervuara.

Mohim përgjegjësie

Informacioni i përmbajtur në këtë eBook ka për qëllim të shërbejë si një koleksion gjithëpërfshirës i strategjive për të cilat autori i këtij libri elektronik ka bërë kërkime. Përmbledhjet, strategjitë, këshillat dhe truket janë vetëm rekomandime nga autori, dhe leximi i këtij libri elektronik nuk do të garantojë që rezultatet e dikujt do të pasqyrojnë saktësisht rezultatet e autorit. Autori i librit elektronik ka bërë të gjitha përpjekjet e arsyeshme për të ofruar informacion aktual dhe të saktë për lexuesit e librit elektronik. Autori dhe bashkëpunëtorët e tij nuk do të mbajnë përgjegjësi për ndonjë gabim ose lëshim të paqëllimshëm që mund të gjendet. Materiali në eBook mund të përfshijë informacione nga palë të treta. Materialet e palëve të treta përbëhen nga mendimet e shprehura nga pronarët e tyre. Si i tillë, autori i librit elektronik nuk merr përsipër përgjegjësi ose përgjegjësi për ndonjë material ose opinion të palëve të treta.

Libri elektronik është me të drejtë autori © 2022 me të gjitha të drejtat e rezervuara. Është e paligjshme rishpërndarja, kopjimi ose krijimi i veprës së derivuar nga ky eBook tërësisht ose pjesërisht. Asnjë pjesë e këtij raporti nuk mund të riprodhohet ose ritransmetohet në çfarëdolloj riprodhimi ose ritransmetimi në çfarëdo forme pa lejen e shkruar dhe të nënshkruar nga autori.

TABELA E PËRMBAJTJES

TABELA E PËRMBAJTJES..3

PREZANTIMI...7

RECETA THEMELORE PËR VEZË TË FRESHTA...8

    1. Vezë të ziera fort..9
    2. Vezë të fërguara..11
    3. Vezë të ziera..13
    4. Veze te rrahura...15
    5. Omeleta..17
    6. Vezë të pjekura në mikrovalë...19
    7. Kiche...22
    8. Frittatas..24
    9. Sufllaqe..27
    10. Krepat..29
    11. Meringë...32
    12. Vezë turshi...34
    13. Brumë bazë për biskota...36

VEZE TE FRESHTA DITA..38

    14. Domate të mbushura..39
    15. Sufle tigani spanjoll..41
    16. Piqem mëngjesi me boronica..43
    17. Vezë në salcë...46
    18. Vezë në fole...49
    19. Frittata me feta dhe zarzavate..52
    20. Vezë djallëzore të zeza..55
    21. Petulla me kungull të sipërme..58
    22. Petulla me karrota dhe patate..61
    23. Kupa hash për mëngjes...64
    24. Fritata me perime djathi..67
    25. Kafshimet e Brownie Fasule të Zezë..70

26. Patate të ëmbla fiorentine 73
27. Topat e kifleve me karrota 76
28. Torta me arra në miniaturë 79
29. Tortë me kakao për flokë 81
30. Tortë me djathë me gjizë 83
31. Vezë të mbushura me mikrogjelbër 86
32. Pea Shoot Pancakes 88
33. Omëletë e bardhë veze dhe mikrogjelbërime 91
34. Pinon (Omëletë me gjethe delli) 93
35. Simite portorikane me miell orizi 96
36. Flan de queso de Puerto Rico 99
37. Bukë mishi nga Puerto Riko 102
38. Avokado e mbushur me peshk të tymosur 105
39. Vezë të pjekura me salmon të tymosur 108
40. Vezë të ziera dhe salmon i tymosur 110
41. Të verdhat e vezëve të konservuara 113
42. Vezë të kripura 116
43. Vezë të tymosur me salcë soje 119
44. Vezë turshi kerri 122
45. Vezë turshi panxhar 125
46. Kifle misri me gjelin e tymosur 128
47. Salmon i tymosur me petulla me patate 131
48. Salmon i tymosur i pjekur dhe djathë feta 134
49. Tortë me djathë me salmon të tymosur 137
50. Scoons çedar 140
51. Petulla me patate me qiqra 142
52. Puding me misër dhe gjeldeti të tymosur 145
53. Tortë kremoze me salmon të tymosur dhe kopër 148
54. Latkes me salmon të tymosur 151
55. Pancakes me bollgur me kanellë 154
56. Swiss Chard dhe Quinoa Frittata 157
57. Vezë të pjekura pikante me djathë dhie 160
60. Omëletë me kërpudha me hudhër dhe djathë 162
61. Hëna me mollë të përtypur 165
62. Tortë diabetike dhe me pak natrium paund 168
63. Akullore me Sheqer Kaf-Pekan 170

64. Torte me shtrese beze limoni..173
65. Byrek me krem me çokollatë...176
66. Biskota qershi-bajame...179
67. Biskota me bollgur–çokollatë...182
68. Byrek me bukë misri me pak natrium...185
69. Tortë sufle me çokollatë...188
70. Taco për mëngjes..191
71. Hash Barbecue...193
72. Frittata me ullinj dhe barishte..196
73. Shparg Frittata..198
74. Dolli me luleshtrydhe-bajame..201
75. Pancakes me çokollatë..203
76. Waffles me arra me çokollatë...205
77. Bare granola dhe qershi të thata..208
78. Kifle me fruta dhe arra...210
79. Rostiçeri me kunguj të dyfishtë..213
80. Korja e picës me vezë..216
81. Omëletë me perime...218
82. Kifle me vezë..220
83. Vezë të fërguara me salmon të tymosur..222
84. Biftek dhe vezë..224
85. Piqem me vezë...226
86. Frittata...229
87. Naan / Petulla / Krepe..231
88. Petulla me kungull i njomë...233
89. Kiçe..235
90. Topa me salsiçe për mëngjes..237
91. Sanduiçe me salsiçe për mëngjes..239
92. krem chili i pjekur...241
93. Sanduiçe me salsiçe për mëngjes..244
94. Petulla gjermane...246

PIJE ME VEZE TE FRESHTA..250

95. Coquito..251
96. Klasik Amaretto Sour..253
97. Koktej i thartë me uiski..255

98. Liker veze gjermane..257
99. Kafe me vezë vietnameze..260
100. Zabaglione..262

PËRFUNDIM..**265**

PREZANTIMI

Të gjithë e dimë se vezët janë të mira për ju. Ata janë një burim i shkëlqyer i proteinave dhe lëndëve ushqyese kryesore dhe jashtëzakonisht të gjithanshëm në mënyrat e shumta që mund të përgatiten. Por gjëja më e mirë për vezët? Janë të shijshme.

Në këtë libër do të gjeni teknika dhe ide hap pas hapi për t'u siguruar që të merrni vezë perfekte dhe të shijshme çdo herë. Duke mësuar vetëm disa baza, mund të bëni një gamë të gjerë vaktesh të thjeshta për t'u përgatitur për aq pak ose aq njerëz sa dëshironi. Pra, vazhdoni dhe merrni plasaritje!

RECETA THEMELORE PËR VEZË TË FRESHTA

1. Vezë të ziera fort

Drejtimet

a) Vendosni vezët në një shtresë të vetme në fund të tenxheres dhe mbulojini me ujë të ftohtë. Uji duhet të jetë rreth një inç ose më shumë më i lartë se vezët. Mbulojeni tenxheren dhe vendoseni të vlojë mbi nxehtësinë mesatare në të lartë.

b) Kur uji të fillojë të vlojë, hiqeni tenxheren nga zjarri dhe lëreni të qëndrojë për 18 deri në 23 minuta. Për një të verdhë më të butë, zvogëloni kohën në 3 deri në 4 minuta dhe 11 deri në 12 minuta për një të verdhë të mesme.

c) Kullojini dhe hidhni menjëherë ujë të ftohtë mbi vezët derisa të ftohen ose hiqni vezët me një lugë të prerë dhe vendosini në një banjë akulli për të ndaluar gatimin.

2. Vezë të fërguara

Përbërësit

- Vezët
- Sprej gatimi, gjalpë ose vaj
- Kripë dhe piper

Drejtimet

a) Nxehni një tigan mbi nxehtësinë mesatare. Lyejeni tiganin tuaj me llak gatimi (nëse përdorni vetëm një tigan të rregullt), gjalpë ose vaj, sipas preferencës tuaj. Nëse përdorni gjalpë, lini kohë të mjaftueshme që të shkrihet dhe nëse përdorni vaj jepni 30 sekonda që të nxehet.

b) Thyejeni një vezë në një tas (nëse skuqni shumë vezë, mund t'i thyeni secilën në tasin e tyre ose mund ta ripërdorni të njëjtin tas) dhe hidheni vezën butësisht në tigan. I rregullojmë lehtë me kripë dhe piper (sipas dëshirës).

c) Lëreni vezën të gatuhet derisa e bardha të jetë vendosur dhe skajet të fillojnë të përkulen, rreth 3 deri në 4 minuta. Rezistojini dëshirës për të bërë bujë - vezët tuaja do të dalin më mirë nëse lihen vetëm. Për të dalë me diell, thjesht rrëshqitni vezën në një pjatë. Për vezët tepër të lehta, të mesme ose tepër të mira, vazhdoni në hapin tjetër.

d) Përdorni një shpatull për ta kthyer butësisht vezën. Nuk është e nevojshme ta fusni deri në fund të vezës, por sigurohuni që të jetë nën të verdhën e vezës përpara se ta rrokullisni. Gatuani për rreth 30 sekonda më shumë për shumë të lehtë, 1 minutë për mesatare dhe një minutë e gjysmë për shumë mirë. Kthejeni edhe një herë dhe rrëshqisni në një pjatë.

3. Vezë të ziera

Përbërësit

- Vezët
- Uji
- Kripë dhe piper

Drejtimet

a) Mbushni një tenxhere me 3 inç (8 cm) ujë dhe lëreni të vlojë. Ndërkohë, thyeni secilën vezë në tasin e saj të vogël, në mënyrë që ato të jenë gati për të shkuar kur uji të arrijë temperaturën e duhur.

b) Kur uji të vlojë, zvogëloni atë në një zierje të lehtë. Duke e mbajtur enën pak sipër ujit të zier, rrëshqisni butësisht vezën në ujë. Hidheni vezën e dytë në të njëjtën mënyrë dhe përpiquni të mbani gjurmët e renditjes në të cilën hynë. Veza e parë duhet të jetë veza e parë jashtë. Mos harroni të përdorni më shumë ujë nëse gatuani më shumë vezë në mënyrë që temperatura e ujit të mos bjerë shumë.

c) Hiqini vezët pas 3 minutash për të ziera të buta ose lërini të gatuhen për 5 minuta për një të verdhë më të fortë. Hiqeni me një lugë të prerë dhe kulloni sa më shumë ujë. Veza duhet të lëkundet (por vetëm pak) kur lëvizni lugën përreth. Vendosni vezët e ziera në një peshqir letre dhe i rregulloni me kripë dhe piper (sipas dëshirës).

4. Veze te rrahura

Përbërësit

- Vezët
- Qumështi
- Llak ose gjalpë gatimi
- Kripë dhe piper (opsionale)

Drejtimet

a) Për të përgatitur një porcion të vetëm me vezë të fërguara, thyeni 2 vezë në një tas dhe përzieni 2 lugë gjelle (30 mL) qumësht. Sezoni me kripë dhe piper sipas dëshirës.

b) Ngroheni tiganin mbi nxehtësinë mesatare. Lyejeni tiganin tuaj me llak gatimi (nëse përdorni vetëm një tigan të rregullt) ose gjalpë sipas preferencës tuaj. Nëse përdorni gjalpë, lini kohë të mjaftueshme që të shkrihet. Hidhni vezët në tigan dhe zvogëloni nxehtësinë në mesatare-të ulët.

c) Lëvizni butësisht vezët me një shpatull, duke formuar gjizë të butë. Vazhdoni të përzieni derisa të mos ketë më vezë të lëngshme në tigan, por përpara se vezët të duken të thata.

d) Hiqni menjëherë vezët dhe pjatën.

5. Omeleta

Përbërësit

- 2 vezë
- 2 lugë gjelle (30 ml) ujë
- Sprej gatimi, gjalpë ose vaj
- Mbushjet e dëshiruara (p.sh.: djathë, kërpudha, speca jeshil)
- Kripë dhe piper (opsionale)

Drejtimet

a) Duke përdorur një kamxhik ose një pirun, rrihni vezët me 2 lugë gjelle (30 mL) ujë. I rregullojmë me kripë dhe piper (sipas dëshirës). Sigurohuni që të përzieni mirë të verdhën dhe të bardhën së bashku.

b) Nxehni një tigan mbi nxehtësinë mesatare-të lartë. Lyejeni tiganin tuaj me llak gatimi (nëse përdorni vetëm një tigan të rregullt), gjalpë ose vaj, sipas preferencës tuaj. Nëse përdorni gjalpë, lini kohë të mjaftueshme që të shkrihet dhe nëse përdorni vaj jepni 30 sekonda që të nxehet.

c) Sapo tigani të nxehet, derdhni masën. Ndërsa përzierja e vezëve vendoset rreth buzës së tiganit, përdorni një shpatull për të shtyrë butësisht pjesët e gatuara drejt qendrës së tiganit. Anoni dhe rrotulloni tiganin për të lejuar që veza e papjekur të rrjedhë në hapësira boshe. Kur sipërfaqja e vezës duket e lagësht, por nuk lëviz kur tigani tundet, është gati për mbushje. Shtoni mbushjen tuaj me masë - pak shkon shumë.

d) Palosni omëletën në gjysmë me një shpatull dhe lëreni pjesën e poshtme të skuqet pak përpara se ta rrëshqitni në një pjatë. Nëse ju ka mbetur mbushje, pjesën tjetër e derdhni sipër omëletës.

6. Vezë të pjekura në mikrovalë

Përbërësit

- 1 vezë
- Sprej gatimi, gjalpë ose vaj
- Një majë kripë

Drejtimet

a) Lyejeni një enë ose ramekin të sigurt për mikrovalë me spërkatje gatimi, gjalpë ose vaj, bazuar në preferencën tuaj (nëse përdorni tenxheren e vezëve me mikrovalë, nuk kërkohet lyerje). Hidhni disa kokrra kripë në fund të enës. Kripa tërheq energjinë e mikrovalës dhe ndihmon për të gatuar në mënyrë të barabartë vezën.

b) Thyeni një vezë në enë. Shponi të verdhën dhe të bardhën me pirun 4 ose 5 herë (shpimi është i nevojshëm për të mos shpërthyer gjatë gatimit).

c) Mbulojeni me mbështjellës plastik, duke tërhequr një zonë të vogël për ajrim (nëse përdorni tenxheren e vezëve me mikrovalë, vendoseni kapakun mbi bazën dhe rrotullojeni për ta siguruar).

d) PËR VEZËT E PAGUARA TË BUTA: Fusni në mikrovalë në të lartë (100% fuqi) për 30 sekonda, ose në të mesme (50% fuqi) për 50 sekonda. Lëreni të qëndrojë për 30 sekonda përpara se të hiqni mbështjellësin ose kapakun. Nëse është ende e pjekur pak, kthejeni vezën në enë, mbulojeni dhe vendoseni në mikrovalë për 10 sekonda të tjera, ose derisa të gatuhet sipas dëshirës.

e) PËR VEZËT E PAGUARA FORT: Fusni në mikrovalë në të lartë (fuqi 100%) për 40 sekonda. Lëreni të qëndrojë për 30 sekonda përpara se të hiqni mbështjellësin ose kapakun. Nëse është ende e pjekur pak, kthejeni vezën në enë, mbulojeni dhe vendoseni në mikrovalë për 10 sekonda të tjera, ose derisa të gatuhet sipas dëshirës.

7. Kiche

Përbërësit
- 4 vezë
- Lëvozhgë byreku e pjekur paraprakisht
- Mbushjet e dëshiruara
- 1 1/2 filxhan (375 mL) krem ose qumësht
- Kripë dhe piper (opsionale)

Drejtimet
a) Ngrohni furrën në 350°F (180°C). Spërkatni djathin dhe çdo mbushje tjetër që dëshironi në fund të guaskës së byrekut.
b) Rrihni vezët dhe kremin në një enë derisa të përzihen mirë. I rregullojmë me kripë dhe piper (sipas dëshirës).
c) Masën e derdhni me kujdes në lëvozhgën e byrekut.
d) Piqni për 35 deri në 40 minuta ose derisa mbushja të marrë një kafe të artë. Për të kontrolluar gatishmërinë, futni një thikë në qendër të quiche. Nëse del i pastër, është bërë! Lëreni të qëndrojë për 10 minuta para se ta shërbeni.

8. Frittatas

Përbërësit

- 8 vezë
- 1/2 filxhan (125 mL) ujë
- 1/8 lugë çaji (0,5 mL) kripë
- 1/8 lugë çaji (0,5 mL) piper
- Sprej gatimi, gjalpë ose vaj
- 2 gota (500 mL) Përbërësit mbushës (perime të copëtuara, mish, shpendë, ushqim deti ose një kombinim)
- 1/2 filxhan (125 ml) djathë të grirë
- Barishte të freskëta ose të thata, për shije (opsionale)

Drejtimet

a) Ngroheni furrën që të piqet. Rrihni vezët, ujin, barishtet, kripën dhe piperin së bashku në një tas mesatar. Le menjane.

b) Nxehni një tigan 10 inç (25 cm) të papërshkueshëm nga zjarri mbi nxehtësinë mesatare. Lyejeni tiganin me llak gatimi (nëse përdorni vetëm një tigan të zakonshëm), gjalpë ose vaj, sipas preferencës tuaj. Nëse përdorni gjalpë, lini kohë të mjaftueshme që të shkrihet dhe nëse përdorni vaj jepni 30 sekonda që të nxehet. Shtoni përbërësit e mbushjes, kaurdisini derisa të jenë gatuar plotësisht, duke i përzier shpesh.

c) Hidhni përzierjen e vezëve. Ndërsa përzierja vendoset rreth skajit të tiganit, ngrini butësisht pjesët e gatuara me një shpatull për të lejuar që veza e papjekur të rrjedhë poshtë. Gatuani derisa pjesa e poshtme të jetë vendosur dhe pjesa e sipërme është pothuajse e vendosur, rreth 8 deri në 10 minuta.

d) Spërkatni djathin sipër. Vendoseni tiganin nën brojlerin e ngrohur më parë për 2 ose 3 minuta që të shkrihet djathi dhe të fryhet frittata ose mbulojeni me kapak dhe gatuajeni për disa minuta në sobë.

e) Lironi buzën e frittatës me thikë. Pritini në copa dhe shërbejeni.

9. Sufllaqe

Përbërësit
- 4 vezë
- 2 te bardha veze
- 2 lugë gjelle (30 ml) gjalpë
- 2 lugë gjelle (30 mL) miell për të gjitha përdorimet
- 1/2 lugë çaji (2,5 mL) kripë
- Piper piper
- 3/4 filxhan (175 ml) qumësht (1%)
- 1/4 lugë çaji (1,25 mL) krem tartar

Drejtimet

a) Ngrohni furrën në 375°F (190°C). Shkrini gjalpin në një tenxhere të mesme mbi nxehtësinë e ulët. Hidhni miellin, kripën dhe piperin. Gatuani, duke e përzier vazhdimisht, derisa masa të jetë e qetë dhe me flluska. Hidhni qumështin gradualisht. Vazhdoni të përzieni derisa masa të jetë e lëmuar dhe të trashet.

b) Ndani 4 të verdhat e vezëve, duke rezervuar 2 nga të bardhat e vezëve. Rrihni mirë të verdhat dhe shtoni 1/4 filxhan (60 mL) përzierje të ngrohtë të salcës tek të verdhat e vezëve.

c) Kombinoje këtë përzierje të verdhë veze me salcën e mbetur, duke e përzier plotësisht.

d) Rrihni të bardhat e vezëve me kremin e tartarit në një tas të madh, derisa të jenë të forta, por jo të thahen.

e) Palosni disa nga të bardhat e vezëve në salcë për ta bërë më të lehtë, pastaj butësisht, por tërësisht, palosni salcën në të bardhat e mbetura të vezëve.

f) Hidheni me kujdes në një enë sufle ose tavë me 4 filxhanë (1 L) të lyer me pak yndyrë.

g) Piqni derisa të fryhet dhe të skuqet lehtë, rreth 20 deri në 25 minuta.

10. Krepat

Përbërësit

4 vezë
1/2 lugë çaji (2,5 mL) kripë
2 gota (500 mL) miell për të gjitha përdorimet
2 gota (500 ml) qumësht
1/4 filxhan (60 ml) vaj vegjetal
Llak ose gjalpë gatimi

Drejtimet

a) Kombinoni vezët dhe kripën në një tas mesatar. Shtoni gradualisht miellin, duke e alternuar qumështin dhe duke e trazuar derisa të bëhet një masë homogjene. Hidhni ngadalë vajin. Për këtë hap mund të përdorni edhe një blender. Përpunoni të gjithë përbërësit derisa të jenë të qetë, rreth 1 minutë. Lëreni brumin në frigorifer për të paktën 30 minuta për të lejuar që mielli të zgjerohet dhe çdo flluskë ajri të shembet. Brumi mund të trashet gjatë kësaj kohe, kështu që mund t'ju duhet ta holloni duke shtuar pak qumësht ose ujë. Brumi i krepit duhet të jetë konsistenca e kremit të rëndë.
b) Lyejeni tavën tuaj me krep me pak llak gatimi (nëse përdorni vetëm një tigan të zakonshëm) ose gjalpë. Ngroheni në nxehtësi mesatare-të lartë derisa pikat e ujit të rrënqethin kur spërkateni në tigan.
c) Llokoçis brumin dhe derdhni rreth 3 lugë gjelle (45 mL) brumë në tigan menjëherë.
d) Anoni shpejt dhe rrotulloni tiganin duke e tundur butësisht në një lëvizje rrethore për të lyer pjesën e poshtme të tiganit me brumin.

Gatuani derisa pjesa e poshtme e krepit të skuqet pak, rreth 45 sekonda. Kthejeni krepën me shpatull dhe gatuajeni edhe për 15 deri në 30 sekonda. Transferoni në një pjatë dhe përsërisni me brumin e mbetur. Shtoni më shumë llak gatimi ose gjalpë në tigan nëse krepat fillojnë të ngjiten.

11. Meringë

Përbërësit
- 3 të bardha veze në temperaturë ambienti
- 1/4 lugë çaji (1,25 mL) krem me tartar ose lëng limoni
- 1/4 filxhan (60 ml) sheqer të grimcuar

Drejtimet
a) Ngrohni furrën në 425°F (220°C). Për të përgatitur një beze bazë, ndani të bardhat e vezëve dhe vendosini në një enë qelqi ose metali (tasat plastike mund të kenë një shtresë të yndyrshme që parandalon shkumën). Ndani vezët pa lënë asnjë gjurmë të verdhë në të bardhët pasi yndyra në të verdhën e verdhë do të pengojë që të bardhat të marrin volumin që dëshironi.

b) Shtoni kremin e tartarit dhe duke përdorur një mikser elektrik, rrahim të bardhat e vezëve derisa të bëhen shkumë. Ata duhet të formojnë ato që quhen maja të buta. Majat janë "kodrat" që tërhiqen lart kur heqin rrahësit nga shkuma. Ju do të kuptoni se majat tuaja janë të buta kur majat të bien butësisht.

c) Shtoni gradualisht sheqerin, 1 deri në 2 lugë gjelle (15-30 mL) në të njëjtën kohë derisa të përfshihet e gjitha dhe majat të bëhen me shkëlqim. Vazhdoni rrahjen derisa shkuma të formojë maja të forta dhe të tretet i gjithë sheqeri. Për të provuar nëse sheqeri është tretur, fërkojeni marengën e rrahur midis gishtit të madh dhe treguesit. Nëse ndihet i ashpër, rrihni vezët për disa sekonda më shumë derisa të jenë të lëmuara.

d) Vendoseni marengën tuaj në mbushjen tuaj të ngrohtë dhe piqni për rreth 4 ose 5 minuta - aq sa për të skuqur butësisht majat.

12.   Vezë turshi

Përbërësit

- 12 vezë të ziera fort
- 1 filxhan (250 ml) ujë
- 1 filxhan (250 ml) uthull të bardhë
- 1 lugë gjelle (15 ml) sheqer të grimcuar
- 1 lugë çaji (5 ml) kripë
- 2 lugë çaji (10 mL) erëza turshi

Drejtimet

a) Në një tenxhere të vogël në zjarr të fortë, bashkoni ujin, uthullën, sheqerin, kripën dhe erëzat turshi. Lëreni të ziejë, duke e përzier shpesh derisa sheqeri të tretet. Ulni zjarrin në minimum dhe ziejini për 10 minuta.

b) Duke u siguruar që të jenë ftohur plotësisht, qëroni vezët e ziera fort dhe vendosini në kavanoz. Zbuloni se si të bëni vezë të pjekura perfekte në f.4.

c) Derdhni lëngun e nxehtë turshi në kavanoz, direkt mbi vezë. Ju mund t'i kulloni erëzat turshi në këtë hap, por përbërësit e pangopur bëjnë një prezantim të bukur.

d) Lëreni në frigorifer për të paktën 2 ditë përpara përdorimit.

13. Brumë bazë për biskota

Përbërësit

- 2 1/4 gota (550 mL) miell për të gjitha përdorimet
- 1 lugë çaji (5 ml) sodë buke
- 1/4 lugë çaji (1,25 mL) kripë
- 3/4 filxhan (175 mL) gjalpë, në temperaturën e dhomës
- 3/4 filxhan (175 ml) sheqer të grimcuar
- 3/4 filxhan (175 ml) sheqer kaf të paketuar
- 2 vezë
- 1 lugë çaji (5 ml) vanilje

Drejtimet

a) Ngrohni furrën në 350°F (180°C) dhe vendosni fletët e pjekjes me letër pergamene ose petk silikoni. Kombinoni miellin, sodën e bukës dhe kripën në një tas mesatar.

b) Rrihni gjalpin dhe sheqernat e grimcuara dhe kafe me një mikser elektrik në një tas të madh derisa të bëhen të lëmuara dhe me gëzof. Shtoni vezët dhe vaniljen dhe i rrahim derisa të përzihen mirë. Shtoni përzierjen e miellit dhe rrihni derisa të bashkohet.

c) Hidhni një lugë gjelle brumë rreth 2 inç (5 cm) larg njëra-tjetrës mbi fletët e përgatitura të pjekjes. Piqni vetëm derisa biskotat të humbasin pamjen e tyre me shkëlqim, rreth 9 minuta. Lërini biskotat të ftohen në fletët e pjekjes për 1 minutë përpara se t'i transferoni në një raft teli që të ftohen plotësisht.

VEZE TE FRESHTA DITA

14. Domate të mbushura

Përbërësit:

- 8 domate të vogla, ose 3 të mëdha
- 4 vezë të ziera fort, të ftohura dhe të qëruara
- 6 lugë Aioli ose majonezë
- Kripë dhe piper
- 1 lugë majdanoz, i grirë
- 1 lugë gjelle bukë të bardhë, nëse përdorni domate të mëdha

Drejtimet:

a) Zhytni domatet në një legen me ujë të ftohtë ose jashtëzakonisht të ftohtë pasi t'i hiqni lëkurën në një tigan me ujë të valë për 10 sekonda.

b) Prisni majat e domateve. Duke përdorur një lugë çaji ose një thikë të vogël, të mprehtë, kruani farat dhe të brendshmet.

c) Grini vezët me Aioli (ose majonezë, nëse përdorni), kripë, piper dhe majdanoz në një tas për përzierje.

d) Mbushni domatet me mbushjen duke i shtypur fort. Zëvendësoni kapakët në një kënd të këndshëm në domatet e vogla.

e) Mbushni domatet deri në majë, duke i shtypur fort derisa të rrafshohen. Lëreni në frigorifer për 1 orë përpara se ta prisni në unaza duke përdorur një thikë të mprehtë gdhendjeje.

f) Dekoroni me majdanoz.

15. Sufle tigani spanjoll

Serbimet: 1

Përbërës

- 1 Kuti Oriz Kaf i Shpejtë Spanjoll
- 4 vezë
- 4 ons djegës të gjelbër të copëtuar
- 1 gotë Ujë
- 1 filxhan djathë i grirë

Drejtimet:

a) Ndiqni udhëzimet e paketimit për gatimin e përmbajtjes së kutisë.

b) Kur orizi të jetë gati, shtoni përbërësit e mbetur, duke përjashtuar djathin.

c) Spërkateni me djathë të grirë dhe piqni në 325°F për 30-35 minuta.

16.   Piqem mëngjesi me boronica

Rendimenti: 6 racione

Përbërësit:

- 6 feta bukë gruri integrale, të ndenjura ose të thara
- 2 vezë, të rrahura
- 1 filxhan qumësht pa yndyrë
- 1/4 filxhan sheqer kaf, i ndarë
- Lëkura e 1 limoni, e ndarë
- 2 lugë çaji kanellë, të ndara
- 2 1/2 gota boronica, të ndara

Drejtimet:

a) Ngroheni furrën në 350 gradë Fahrenheit. Duke përdorur llak gatimi, lyeni me yndyrë një tabaka me 12 filxhanë për kifle.

b) Pritini bukën në kubikë dhe lëreni mënjanë. Rrihni së bashku vezët, qumështin dhe sheqerin në një legen të madh përzierjeje.

c) Shtoni 2 lugë sheqer kaf, 1/2 lugë çaji kanellë dhe 1/2 lëvore limoni

d) Hidhni bukën dhe 1 1/2 filxhan boronica në përzierjen e vezëve dhe përzieni derisa lëngu të përthithet më së shumti. Mbushni enët e kifleve përgjysmë me brumin.

e) Kombinoni 1 lugë gjelle sheqer kaf dhe 1 lugë çaji kanellë në një tas të vogël. Mbi kupat e bukës franceze, spërkatni pjesën e sipërme. Gatuani për 20-22 minuta, ose derisa pjesa e sipërme të skuqet dhe tosti francez të jetë gati.

f) Ndërkohë, vendosni 1 filxhan boronica të mbetura, lëkurën e limonit dhe 1 lugë gjelle sheqer kaf në një tenxhere të vogël dhe gatuajeni në zjarr mesatar-të ulët për 8-10 minuta, ose derisa të lëshohet lëngu.

g) Thërrmoni boronica duke përdorur një matës patate derisa të arrijnë konsistencën e kërkuar.

h) Përdorni përzierjen e boronicës si shurup për ta derdhur mbi tostin francez të pjekur.

17. Vezë në salcë

Rendimenti: 4 racione

Përbërësit:

- 1 luge vaj ulliri
- 1/2 qepë të verdhë, të prerë në kubikë
- 1 lugë gjelle pastë domate
- 3 lugë çaji paprika
- 3 thelpinj hudhre, te grira
- 4 feta piper i kuq i pjekur, i prerë në kubikë
- 1, 28 ons mund të domate të grimcuara me pak natrium
- 1/8 lugë çaji kripë
- 3 gota spinaq të freskët
- 1/4 filxhan majdanoz të freskët, të grirë
- 4 vezë të mëdha
- 2 pite gruri integrale, të thekura

Drejtimet:

a) Në një tigan të madh që nuk ngjit, ngrohni vajin mbi nxehtësinë mesatare.

b) Shtoni qepët dhe ziejini për 2 minuta, ose derisa të jenë zbutur disi. Gatuani për 30 sekonda pasi shtoni pastën e domates, paprikën dhe hudhrën.

c) Hidhni specat, domatet dhe erëzat. Ulni nxehtësinë në minimum pasi të ziejë.

d) Gatuani, duke e përzier herë pas here, për 30 minuta.

e) Shtoni spinaqin dhe gjysmën e majdanozit dhe përzieni për t'u bashkuar. Bëni katër puseta në përzierjen e domates duke përdorur një lugë druri. Thyejeni një vezë në secilën nga katër pusetat, mbulojeni dhe gatuajeni për 8 minuta, ose derisa të bardhat e vezëve të jenë vendosur.

f) Si një prekje përfundimtare, spërkatni majdanozin e mbetur sipër. Shërbejeni me bukë pita për zhytje.

18.   Vezë në fole

Rendimenti: 6 racione

Përbërësit:

- 1 kile patate të ëmbla, të qëruara
- 2 luge vaj ulliri
- 1/4 lugë çaji kripë, e ndarë
- 1/4 lugë çaji piper i zi, i ndarë
- 12 vezë të mëdha

Drejtimet:

a) Ngroheni furrën në 400 gradë Fahrenheit.

b) Duke përdorur llak gatimi, lyeni një tabaka me 12 filxhanë për kifle.

c) Duke përdorur një rende kuti, grini patatet dhe lërini mënjanë. Në një tigan të madh, ngrohni vajin e ullirit në nxehtësi mesatare-të lartë. 1/8 lugë çaji kripë, 1/8 lugë çaji piper, patate të ëmbla të prera në kubikë

d) Gatuani patatet derisa të zbuten, rreth 5-6 minuta. Hiqeni nga zjarri dhe lëreni mënjanë derisa të ftohet mjaftueshëm për ta trajtuar.

e) Në çdo filxhan kifle, shtypni 1/4 filxhani patate të gatuara. Në fund dhe anët e filxhanit të kifleve, shtypeni fort.

f) Lyejmë patatet me sprej gatimi dhe i pjekim për 5-10 minuta, ose derisa anët të jenë skuqur lehtë.

g) Në çdo fole të patates së ëmbël, çani një vezë dhe rregulloni me 1/8 lugë çaji të mbetur kripë dhe 1/8 lugë çaji piper.

h) Piqni për 15-18 minuta, ose derisa të bardhat dhe të verdhat e vezëve të jenë gatuar në masën e dëshiruar.

i) Lëreni mënjanë për 5 minuta që të ftohet përpara se ta hiqni nga tigani. Shërbejeni dhe argëtohuni!

19.   Frittata me feta dhe zarzavate

Rendimenti: 8 racione

Përbërësit:

- 1 luge vaj ulliri
- 1 qepë e vogël e verdhë, e prerë në kubikë
- 2 thelpinj hudhre, te grira
- 4 filxhanë chard zvicerane, të prera në shirita
- 8 vezë të mëdha
- 1/4 lugë çaji piper i zi
- 1/2 filxhan djathë feta me pak yndyrë, të grimcuar
- 2 lugë majdanoz të freskët, të grirë

Drejtimet:

a) Ngroheni furrën në 350 gradë Fahrenheit.

b) Mbi nxehtësinë mesatare-të lartë, ngrohni një tigan të madh të sigurt për furrë. Kaurdisni qepën për 3-4 minuta, ose derisa të zbutet.

c) Gatuani edhe për 3-4 minuta të tjera, ose derisa drithi zviceran të thahet.

d) Ndërkohë, rrihni vezët dhe piperin e zi në një legen të madh përzierjeje.

e) Përzieni përzierjen e zarzavateve dhe qepëve me vezët në një legen për përzierje. Hidhni djathin feta në përzierjen e vezëve.

f) Kthejeni përzierjen e vezëve në tiganin e sigurt për furrë, duke e përzier që të mos ngjitet frittata.

g) Ngrohni furrën në 350°F dhe piqni tiganin për 15-18 minuta, ose derisa vezët të jenë vendosur.

h) Nxirreni nga furra, spërkatni me majdanoz të grirë dhe lëreni për 5 minuta përpara se ta prisni në 8 pjesë. Shërbejeni dhe argëtohuni!

20.   Vezë djallëzore të zeza

Rendimenti: 6 racione

Përbërësit:

- 6 vezë të mëdha
- 1 avokado, të përgjysmuar dhe me fara
- 1/3 filxhan kos grek të thjeshtë pa yndyrë
- Lëkura dhe lëngu i 1 limoni
- 1 lugë gjelle mustardë Dijon
- 1/4 lugë çaji piper i zi
- 1 lugë gjelle qiqra të grirë

Drejtimet:

a) Në një tenxhere të madhe thyejmë vezët dhe i mbulojmë me ujë të ftohtë.

b) Lëreni të vlojë, më pas hiqeni nga zjarri. Lërini 15 minuta që vezët të zhyten në ujë në tigan.

c) Hiqni vezët dhe lërini mënjanë të ftohen. Qëroni dhe përgjysmoni vezët për së gjati.

d) Në një procesor ushqimi, bashkoni 3 të verdhat e vezëve. Ruajini të verdhat e mbetura të vezëve për një qëllim tjetër ose hidhini.

e) Në një procesor ushqimi, kombinoni avokadon, kosin grek, lëkurën dhe lëngun e limonit, mustardën Dijon dhe piperin e zi me të verdhat e vezëve. Përziejini gjithçka së bashku derisa të jetë plotësisht e qetë.

f) Vendosni të bardhat e vezëve në një enë për servirje dhe vendoseni përzierjen e të verdhës së vezëve në një qese me zinxhir. Shtrydhni përzierjen e të verdhës së vezës në të bardhat e vezëve duke prerë një nga qoshet e poshtme.

g) Spërkatni qiqrat e copëtuara mbi vezët e djallëzuara. Shërbejeni dhe argëtohuni!

21. Petulla me kungull të sipërme

Rendimenti: 12 racione

Përbërësit:

- 1 1/2 filxhan qumësht pa yndyrë
- 1 filxhan pure kungulli të konservuar
- 1 vezë
- 5 lugë sheqer kaf, të ndara
- 2 lugë vaj vegjetal
- 1 lugë çaji ekstrakt vanilje
- 1 filxhan miell gruri integral
- 1 filxhan miell për të gjitha përdorimet
- 2 lugë pluhur pjekjeje
- 1 1/2 lugë çaji kanellë, të ndarë
- 1 lugë çaji speca erëzash
- 1/2 lugë çaji arrëmyshk
- 1/4 lugë çaji kripë
- 3 mollë të qëruara dhe të prera në kubikë

Drejtimet:

a) Kombinoni qumështin, kungullin, vezën, 3 lugë sheqer kaf, vajin dhe vaniljen në një legen të madh përzierjeje.

b) Kombinoni miellin e grurit, miellin për të gjitha përdorimet, pluhurin për pjekje, 1 lugë çaji kanellë, specin arrëmyshk, arrëmyshkun dhe kripën në një legen të veçantë.

c) Përzieni përzierjen e kungujve në përbërësit e thatë: derisa të përfshihet, duke pasur kujdes që të mos përzihet shumë.

d) Në një tenxhere të vogël, ngrohni 3 lugë gjelle ujë mbi nxehtësinë mesatare. Hidhni mollët e prera në kubikë me 2 lugët e mbetura sheqer kaf dhe 1/2 lugë çaji kanellë. Ngroheni për 8-12 minuta, ose derisa mollët të jenë të buta.

e) Hiqini mollët nga zjarri dhe grijini me një patate ose pirun derisa të formohet një salcë molle e trashë. Hiqeni nga ekuacioni.

f) Ndërkohë, lyeni një tigan ose tigan që nuk ngjit me llak gatimi dhe ngroheni në nxehtësi mesatare-të lartë.

g) Hidhni 1/4 filxhan brumë petullash për petull në një tigan ose tigan të përgatitur.

h) Pancakes duhet të gatuhen për 2-3 minuta në çdo anë ose deri në kafe të artë.

i) Shërbejeni me përzierjen e mollëve të ziera sipër dhe shijojeni!

22. Petulla me karrota dhe patate

Rendimenti: 6 racione

Përbërësit:

- 2 patate te medha, te qeruara
- 2 karota të mëdha, të qëruara
- 1 qepë e vogël e verdhë, e qëruar
- 4 te bardha veze te rrahura
- 3 lugë miell për të gjitha përdorimet
- 1 lugë çaji pluhur pjekjeje
- Sprej gatimi që nuk ngjit
- 3/4 filxhan salcë molle pa sheqer, opsionale

Drejtimet:

a) Duke përdorur anën e madhe të një rende kutie, grini patatet e qëruara, karotat dhe qepën.

b) Shtrydhni ujin e tepërt nga perimet e grira duke përdorur një peshqir letre mbi lavaman.

c) Në një legen të madh përzierjeje, bashkoni perimet e kulluara.

d) Kombinoni përzierjen e patates me të bardhat e vezëve të rrahura.

e) Përziejini së bashku miellin, pluhurin për pjekje dhe kripën me përzierjen e patates.

f) Spërkateni një tigan që nuk ngjit me llak gatimi dhe ngroheni mbi nxehtësinë mesatare.

g) Hidhni 1/4 lugë me përzierje patate në tigan, duke lejuar një hendek 1 inç midis secilës petull. 3 minuta në furrë

h) Rrokullisni dhe gatuajeni për 3 minuta të tjera nga ana tjetër, ose deri në kafe të artë. Përsëriteni me pjesën tjetër të përzierjes së patates.

i) Shërbejeni.

23.   Kupa hash për mëngjes

Serbimet: 12

Përbërësit:

- Spërkatje gatimi
- 3 filxhanë hash të ngrirë, të shkrirë
- 5 feta proshutë gjeldeti
- 1 ½ filxhan zëvendësues i vezëve me kolesterol të ulët
- 1 filxhan djathë çedër i grirë me pak yndyrë
- 3 lugë margarinë pa yndyrë
- ¼ filxhan qepë të copëtuar
- ¼ filxhan piper zile të grirë piper i zi

Drejtimet

a) Ngroheni furrën në 400 gradë Fahrenheit. Lëreni hash brown të vijë në temperaturën e dhomës përpara përdorimit. Përgatisni një tepsi për kifle me sprej gatimi.

b) Bëni gati proshutën. Lëreni të ftohet përpara se ta shërbeni.

c) Përziejini së bashku hash browns, kripë dhe piper. 12 filxhanë për kifle, të ndara në mënyrë të barabartë

d) Piqeni për 15 minuta në 400 gradë ose derisa të skuqet lehtë. Hiqeni enën nga furra.

e) Ndërkohë, rrihni së bashku vezët, djathin, qepët dhe piperin.

f) Pritini proshutën dhe shtrojini sipër përzierjes së kafesë në filxhanë për kifle.

g) Hidhni në mënyrë të barabartë përzierjen e vezëve në gota për kifle. Ngrohni furrën në 350°F dhe piqni për 13 deri në 15 minuta. Shërbejeni.

24. Fritata me perime djathi

Serbimet: 6

Përbërësit:

- 6 vezë të mëdha
- 2 lugë miell gruri integral
- 1 lugë çaji piper i zi
- 1 qepë mesatare, e prerë në copa ½ inç
- 1 filxhan spinaq të freskët ose të ngrirë, të prerë në copa ½ inç
- 1 filxhan piper zile të kuqe dhe/ose jeshile, të prerë në copa ½ inç
- 1 filxhan kërpudha të freskëta, të prera në feta
- 1 thelpi hudhër, e grirë imët
- 2 lugë gjelle gjethe borziloku të freskët
- ⅓ filxhan djathë mocarela e skremuar pjesërisht, e grirë
- Spërkatje gatimi

Drejtimet

a) Ngrohni furrën (furrë konvencionale ose tostiere) që të ziejë.

b) Në një legen të madh për përzierje rrihni vezët derisa të bëhen shkumë, më pas shtoni miellin e grurit integral, piperin e zi dhe pluhurin për pjekje.

c) Lyejeni një tigan të rëndë me një dorezë kundër furrës me llak gatimi dhe ngroheni mbi nxehtësinë mesatare.

d) Shtojmë qepën dhe kaurdisim derisa të zbutet, më pas shtojmë spinaqin, piperin dhe kërpudhat dhe vazhdojmë të ziejmë edhe për 2-3 minuta të tjera.

e) Ziejini për 1 minutë pasi të keni shtuar hudhrën dhe borzilokun. Që gjërat të mos digjen, përziejini vazhdimisht.

f) Derdhni përzierjen e vezëve në tigan dhe përzieni për të përfshirë perimet.

g) Gatuani për 5-6 minuta, ose derisa masa e vezëve të jetë vendosur në fund dhe të fillojë të ngjitet sipër.

h) Shtojmë djathin e grirë dhe e shtyjmë butësisht poshtë vezëve me pjesën e pasme të lugës që të mos digjet në furrë.

i) Ngrohni furrën që të ziejë dhe piqeni për 3-4 minuta, ose derisa të marrë ngjyrë të artë dhe me gëzof.

j) E heqim nga tava dhe e presim në 6 pjesë.

25.   Kafshimet e Brownie Fasule të Zezë

Rendimenti: 16 racione

Përbërësit:

- 3/4 filxhan fasule të zeza me pak natrium, të kulluara
- 1/4 filxhan salce molle pa sheqer
- 1/4 filxhan vaj kanola
- 2 te bardha veze te medha
- 1 vezë e madhe
- 1/2 filxhan sheqer kaf të paketuar
- 1 lugë çaji ekstrakt vanilje
- 1/4 filxhan pluhur kakao pa sheqer
- 1/3 filxhan miell gruri të plotë
- 1/2 lugë çaji pluhur pjekjeje
- 1/2 lugë çaji kripë
- 1/2 filxhan çokollatë gjysmë të ëmbël

Drejtimet:

a) Ngroheni furrën në 350 gradë Fahrenheit.

b) Përzieni fasulet e zeza, salcën e mollës dhe vajin e canola derisa të jenë të lëmuara në një blender. Shtoni të bardhat e vezëve, vezën, sheqerin dhe vaniljen në një tas të madh përzierës dhe rrihni për t'u përfshirë.

c) Kombinoni pluhurin e kakaos, miellin, pluhurin për pjekje dhe kripën në një legen të veçantë.

d) Rrihni përzierjen e miellit në përzierjen e fasules së zezë derisa masa të jetë e qetë. Copat e çokollatës duhet të palosen.

e) Ngrohni furrën në 350°F dhe piqni për 20-25 minuta, ose derisa një thikë e futur në qendër të dalë e pastër.

f) Lëreni të ftohet plotësisht përpara se ta prisni në 16 kafshata dhe ta shërbeni!

26. Patate të ëmbla fiorentine

Rendimenti: 4 racione

Përbërësit:

- 4 patate të ëmbla mesatare
- 2, pako 10 ons spinaq
- 1 luge vaj ulliri
- 1 qepe e grirë
- 2 thelpinj hudhre, te grira
- 6 domate të thara, të prera në kubikë
- 1/4 lugë çaji kripë
- 1/4 lugë çaji piper i zi
- 1/4 lugë çaji thekon piper të kuq
- 1/2 filxhan djathë ricotta pa yndyrë

Drejtimet:

a) Ngroheni furrën në 400 gradë Fahrenheit.

b) Vendosni patatet e ëmbla në një tepsi të përgatitur pasi i shponi me një pirun.

c) Piqni për 45-60 minuta, ose derisa patatet të jenë gatuar. Lejoni kohë për ftohje.

d) Ndani patatet në mes me një thikë dhe skuqni mishin e patates me një pirun, më pas lërini mënjanë.

e) Në një tigan të madh, ngrohni vajin në nxehtësi mesatare. Gatuani për 2-3 minuta, ose derisa qepujt të jenë zbutur.

f) Gatuani për 30 sekonda të tjera, ose derisa hudhra të jetë aromatike.

g) Në një tas të madh përzierjeje, bashkoni spinaqin e kulluar, domatet, kripën, piperin e zi dhe thekonet e piperit të kuq. Gatuani edhe 2 minuta të tjera.

h) E heqim nga zjarri dhe e lëmë mënjanë të ftohet.

i) Futni djathin ricotta në përzierjen e spinaqit.

j) Shërbejeni përzierjen e spinaqit sipër patateve të ëmbla të ndara. Kënaquni!

27.   Topat e kifleve me karrota

Rendimenti: 24 racione

Përbërësit:

- 2 1/4 gota tërshërë të modës së vjetër
- 1 filxhan miell gruri integral
- 1/2 filxhan farë liri të bluar
- 2 lugë çaji kanellë
- 1/2 lugë çaji arrëmyshk
- 1/2 lugë çaji sodë buke
- 1/2 lugë çaji kripë
- 1 filxhan salce molle pa sheqer
- 1/2 filxhan mjaltë ose shurup panje të pastër
- 1 vezë e madhe
- 2 lugë çaji ekstrakt vanilje
- 1/4 filxhan gjalpë pa kripë, i shkrirë
- 2 karota mesatare, të grira
- 1 mollë e madhe, e grirë në rende

Drejtimet:

a) Ngroheni furrën në 350 gradë Fahrenheit.

b) Rreshtoni dy tava pjekjeje me leter pergamene.

c) Kombinoni tërshërën, miellin, farat e lirit, kanellën, arrëmyshkun, sodën e bukës dhe kripën në një enë të madhe për përzierje.

d) Kombinoni salcën e mollës, mjaltin, vezën dhe ekstraktin e vaniljes në një legen mesatar për përzierje. Shkrini gjalpin dhe shtoni në masë.

e) Kombinoni përbërësit e lagësht dhe të thatë duke i trazuar së bashku. Në një tas të madh përzierjeje, bashkoni karotat e grira dhe mollën.

f) Hidheni brumin në një fletë pjekjeje të përgatitur dhe rrafshoni me një masë 1/4 filxhani.

g) Piqeni për 14-15 minuta, ose derisa të skuqet lehtë dhe të vendoset. Lëreni të ftohet përpara se ta shërbeni.

28. Torta me arra në miniaturë

Rendimenti: 15 racione

Përbërësit:

- 1 lugë gjelle gjalpë, i shkrirë
- 1 vezë e madhe
- 4 lugë çaji sheqer kaf
- 2 lugë mjaltë
- 1/4 lugë çaji ekstrakt vanilje
- 1/2 filxhan pecans, të copëtuara
- 15 mini guaska

Drejtimet:

a) Ngroheni furrën në 350 gradë Fahrenheit.

b) Në një legen mesatar për përzierje, shtoni të gjithë përbërësit, përveç pekanëve dhe lëvozhgave, dhe përzieni plotësisht. Shtoni pecanët e grirë dhe përziejini mirë.

c) Vendosni predha të vogla byreku në një fletë pjekjeje në një shtresë të barabartë. Mbushni çdo lëvozhgë përgjysmë me përzierjen e pekanit. Nëse mbetet ndonjë përzierje, shpërndajeni në mënyrë të barabartë në të gjitha lëvozhgat.

d) Piqeni për 10-15 minuta. Lëreni të ftohet përpara se ta shërbeni.

29.   Tortë me kakao për flokë

Serbimet: 12

Përbërësit:

- ¾ filxhan miell, i situr
- ¼ filxhan kakao
- ¼ filxhan sheqer
- 10 të bardha veze
- 1 lugë çaji krem tartar
- 1 filxhan sheqer

Drejtimet

a) Ngroheni furrën në 350 gradë Fahrenheit.

b) Shosh miellin, kakaon dhe 14 filxhanë sheqer së bashku.

c) Rrihni të bardhat e vezëve në një tas të veçantë derisa të bëhen shkumë. Rrihni kremin e tartarit derisa të jetë i fortë, por jo i tharë. 1 lugë gjelle në të njëjtën kohë, shtoni filxhanin me sheqer.

d) Përzieni me ekstraktin e vaniljes. Palosni një sasi të vogël të përzierjes së miellit të situr mbi brumë. Përsëriteni derisa të përdoret e gjithë përzierja e miellit.

e) Hidheni brumin në një tavë me tub 9 inç që nuk është lyer me vaj dhe piqeni për 45 minuta.

f) Për t'u ftohur, përmbysni tavën dhe varni tortën me kokë poshtë për rreth 12 orë pasi ta keni nxjerrë nga furra.

30. Tortë me djathë me gjizë

Serbimet: 8

Përbërësit për kore

- ¼ filxhan margarinë e fortë
- 1 filxhan grimca graham me pak yndyrë
- 2 lugë sheqer të bardhë
- ¼ luge kanelle

Përbërësit për tortën

- 2 gota gjizë me pak yndyrë, të pure
- 2 vezë
- 3 lugë miell për të gjitha përdorimet
- 1 lugë çaji ekstrakt vanilje
- ⅔ filxhan sheqer të bardhë OSE ⅓ filxhan Përzierje sheqeri

Drejtimet

a) Ngroheni furrën në 325 gradë Fahrenheit.

b) Shkrini gjalpin. Kombinoni thërrimet e grahamit, sheqerin dhe kanellën në një tas. Mbushni një tigan 10 inç në formë pranvere në gjysmë të rrugës me brumin.

c) Përzieni gjizën në një përpunues ushqimi.

d) Përzieni qumështin, vezët, miellin, vaniljen dhe sheqerin derisa të përzihen mirë. Hedhim masën në koren e byrekut.

e) Piqeni për 60 minuta në furrë. Lëreni të ftohet plotësisht përpara se ta shërbeni.

31. Vezë të mbushura me mikrogjelbër

SHERBIMET 9

Përbërësit

- 9 vezë
- 1/4 filxhan majonezë
- 2 lugë gjelle tofu të butë
- majë kripë
- 2 lugë gjelle mikrogjelbërime rrepkë të copëtuar
- 3 lugë çaji mustardë të përgatitur
- 2 rrepkë të freskët të prerë sipas dëshirës

Drejtimet

- Ziejini fort vezët derisa të jenë gati - 9-11 minuta
- Qëroni vezët dhe pritini me kujdes në gjysmë.
- Hiqni qendrat e verdha dhe vendosini në një tas të vogël. Shtoni pjesën tjetër të përbërësve (minus rrepkat e prera) dhe përziejini mirë.
- Hidhni përsëri mbushjen me lugë në vezë dhe sipër vendosni një fetë rrepkë të freskët dhe disa degëza me mikrogjelbërime.

32. Pea Shoot Pancakes

Përbërësit

- 3 vezë të mëdha organike
- 1 filxhan gjize
- 2 lugë vaj ulliri ekstra të virgjër
- 1/2 filxhan miell fasule garbanzo (qipe).
- 1 thelpi hudhër, e grirë
- 2 lugë çaji lëvore limoni
- 1/2 lugë çaji kripë
- 1 filxhan bizele të copëtuara
- 3 lugë qepë të grirë

Drejtimet

a) Në përpunues ushqimi ose blender, përzieni së bashku vezët, gjizën, vajin, miellin, hudhrën, lëkurën e limonit dhe kripën. Pulsoni në fidanet e bizeleve dhe qiqrave.

b) Ngroheni tiganin e lyer me pak yndyrë mbi nxehtësinë mesatare.

c) Duke punuar në tufa, shtoni brumin 1/4 filxhan në një kohë për të skuqur dhe ziejini petullat derisa të formohen flluska sipër, rreth 2 deri në 3 minuta.

d) Rrotulloni dhe gatuajeni derisa petullat të skuqen në fund dhe qendrat të jenë gatuar, rreth 1 minutë më gjatë.

e) Lërini petullat të ftohen në raft metalik ndërsa përgatitni brumin e mbetur.

33.   Omëletë e bardhë veze dhe mikrogjelbërime

Përbërësit

- 2 te bardha veze
- Hidhni kripë dhe piper
- 2 lugë çaji qumësht
- Spërkatje gatimi

Drejtimet

a) Rrihni së bashku dy të bardhat e vezëve dhe 2 lugë çaji qumësht.

b) Shtoni përzierjen në një tigan me një shtresë të lehtë llak gatimi dhe gatuajeni në zjarr mesatar ose të ulët.

c) Shtoni pak kripë dhe piper në vezë gjatë gatimit, kthejeni vezën përmbys kur pjesa e poshtme të duket e gatuar.

d) Pasi të jetë bërë ana tjetër, e transferojmë në një pjatë, e mbushim me avokado të prerë në feta, djathë dhie të grimcuar dhe pak zarzavate të freskëta dhe e palosim në gjysmë.

34.   Pinon (Omëletë me gjethe delli)

Rendimenti: 4 porcione

Përbërës

- 3 Plantains shumë të pjekur
- Vaj për tiganisje
- 1 qepë; i copëtuar
- ½ piper jeshil; i copëtuar
- 2 thelpinj hudhër
- ½ paund mish viçi i bluar (zakonisht e harroj)
- ¼ filxhan salcë domate
- 1 lugë gjelle Kaper
- 1 lugë gjelle ullinj jeshil të prerë në feta (opsionale)
- Kripë dhe piper
- ½ paund Fasule jeshile; të freskëta ose të ngrira, të prera në copa 3 inç
- 6 vezë
- ¼ filxhan Gjalpë

Drejtimet

a) Qëroni delli, pritini në feta 2 inç të trasha për së gjati dhe skuqini në vaj deri në kafe të artë. Hiqeni, kullojeni dhe mbajeni të ngrohtë. Në një tigan kaurdisim qepën, piperin jeshil dhe hudhrën derisa të zbuten, por jo të marrin ngjyrë kafe.

b) Shtoni mishin e grirë dhe skuqeni në zjarr të lartë për 3 minuta. Hidhni salcën e domates dhe shtoni kaperin dhe ullinjtë sipas dëshirës. Gatuani 15 minuta mbi nxehtësinë mesatare, duke e përzier herë pas here. I rregullojmë me kripë dhe piper sipas shijes. Lani kokrrat dhe ziejini me avull derisa të zbuten. Rrihni vezët duke i shtuar kripë dhe piper sipas shijes.

c) Lyeni me gjalpë anët dhe fundin e një tavëje të rrumbullakët dhe shkrini gjalpin e mbetur në fund. Hidhni gjysmën e vezëve të rrahura dhe ziejini në zjarr mesatar për rreth 1 minutë ose derisa të ngurtësohet pak. Mbulojini vezët me një të tretën e fetave të delli, duke e ndjekur me shtresa gjysmën e mishit të bluar dhe gjysmën e kokrrave. Shtoni një shtresë tjetër delli, pjesën e mbetur të mishit të bluar të viçit, një shtresë tjetër fasule dhe sipër i hidhni delli. Hidhni pjesën tjetër të vezëve të rrahura sipër. Gatuani në zjarr të ulët për 15 minuta pa mbuluar, duke pasur kujdes që të mos digjet omëleta.

d) Më pas vendoseni në një furrë të parangrohur në 350 gradë për 10 deri në 15 minuta që të skuqet sipër.

e) Shërbejeni me oriz dhe fasule. E shkëlqyeshme për drekë.

35. Simite portorikane me miell orizi

Rendimenti: 24 simite

Përbërës

- 2 gota qumësht
- 2 ons gjalpë
- ¾ lugë çaji kripë
- 2 filxhanë miell orizi shumë të imët
- 2 lugë çaji Pluhur pjekjeje
- 3 vezë
- ½ kile Djathë të bardhë të butë
- Derri ose vaj vegjetal për tiganisje të thellë

Drejtimet

a) Në një tenxhere, ngrohni derisa të vlojnë, përbërësit në "A" dhe hiqeni nga zjarri.

b) Kombinoni miellin e orizit dhe pluhurin për pjekje dhe përzieni me përmbajtjen në tenxhere. Shtoni vezët një nga një dhe përzieni.

c) Gatuani në zjarr mesatar, duke e përzier vazhdimisht me lugë druri, derisa masa të ndahet nga anët dhe fundi i tiganit.

d) Hiqeni nga zjarri. Grini djathin me pirun dhe shtoni. Përziejini tërësisht.

e) Hidheni përzierjen me lugë në yndyrë, të ngrohur në 375F, derisa të marrë ngjyrë kafe. E heqim dhe e kullojmë në letër thithëse.

36.   Flan de queso de Puerto Rico

Rendimenti: 4 porcione

Përbërës

- 4 Vezë të mëdha
- 1 kanaçe (14 oz) qumësht i kondensuar; E ëmbëlsuar
- 1 kanaçe (12 oz.) Qumësht i avulluar
- 6 ons krem djathi
- 1 luge ekstrakt vanilje

Drejtimet

a) Përziejini së bashku vezët, qumështin dhe vaniljen.

b) Zbutni kremin e djathit dhe e përzieni së bashku me përbërësit e tjerë. Kini kujdes që të mos e përzieni tepër kremin e djathit përndryshe do të shkaktojë xhepa ajri në flantë.

c) Përgatitni një karamel duke gatuar $\frac{1}{2}$ filxhan sheqer në zjarr të ulët derisa sheqeri të lëngëzohet. Përdorni një enë metalike për ta bërë këtë.

d) Ktheni karamelin në tavë/ramekin sa të mbulojë fundin.

e) Pasi sheqeri të jetë i fortë, brumin që përgatitët në Udhëzimet 1 dhe 2, derdhni në tepsi/ramekin.

f) vendosim tavën/ramekin në një bain-marie. Tava/ramekina në të cilën ndodhen përbërësit duhet të zhytet $\frac{3}{4}$ në ujë.

g) Piqni në 325 gradë Fahrenheit për rreth $\frac{1}{2}$ orë. Fanja bëhet kur një thikë/kruajtëse dhëmbësh e futur në të del e pastër.

37. Bukë mishi nga Puerto Riko

Rendimenti: 1 porcione

Përbërës

- 1 kile Mish i bluar
- 1 vezë
- 1 qepë e vogël e grirë
- Kripë hudhër
- Majdanoz
- ½ filxhan thërrime buke
- ½ filxhan qumësht
- 1 lugë gjelle Mustardë
- 2 kubikë bulione viçi
- 1 lugë gjelle salcë Worcestershire
- 5 karota por për së gjati
- 1 kanaçe Lëng domate
- 2 patate të mesme

Drejtimet

a) Përzieni së bashku mishin e bluar, vezën, qepën, kripën e hudhrës, majdanozët, thërrimet e bukës, qumështin dhe paketimin e mustardës së bashku fort.

b) Rrotulloni në miell të kalitur me paprika, kripë dhe piper. Kafe në tigan elektrik, duke u skuqur nga të gjitha anët. Shtoni kube bujoni, salcën Worcestershire, karotat, lëngun e domates dhe patatet.

c) Gatuani të gjitha së bashku me mish për rreth 1 orë e 15 minuta, ose derisa të jenë bërë mirë.

38. Avokado e mbushur me peshk të tymosur

Rendimenti: 4 Shërbim

Përbërës

- 4 vezë të ziera fort
- ¼ filxhan qumësht
- ¼ filxhan lëng limoni i freskët i kulluar
- ¼ lugë çaji Sheqer
- ½ lugë çaji kripë
- ⅓ filxhan vaj vegjetal
- 2 lugë vaj ulliri
- ½ paund Peshk i bardhë i tymosur
- 2 avokado të mëdha të pjekura
- 12 shirita piper të kuq të freskët

Drejtimet

a) Në një tas të thellë, shtypni të verdhat e vezëve dhe qumështin së bashku me një lugë ose pirun tavoline derisa të formojnë një pastë të lëmuar. Shtoni 1 lugë gjelle lëng limoni, sheqerin dhe kripën.

b) Pastaj rrihni vajin vegjetal, një lugë çaji ose më shumë në një kohë; sigurohuni që çdo shtesë të përthithet përpara se të shtoni më shumë. Shtoni vajin e ullirit me lugë çaji duke e rrahur vazhdimisht. Përzieni lëngun e mbetur të limonit në salcë dhe shijoni për erëza.

c) Hidheni peshkun në një tas dhe fshijeni imët me një pirun. Shtoni të bardhat e vezëve të copëtuara dhe salcën, dhe përzieni së bashku butësisht, por tërësisht.

d) Hidhni me lugë përzierjen e peshkut në gjysmat e avokados

39.   Vezë të pjekura me salmon të tymosur

Rendimenti: 2 Shërbim

Përbërës

- 2 lugë gjelle gjalpë
- 3 lugë gjelle thërrime buke të buta
- 2 vezë
- 1 thelpi hudhër; i grirë
- 2 ons krem djathi
- 2 ons Salmon i tymosur; feta
- Djathë çedër i mprehtë 2 ons; të grira
- 1 domate; i prerë në feta trashë

Drejtimet

a) Tava me gjalpë. Shtypni 2 deri në 3 lugë çaji thërrime buke në fund dhe anët e secilës. Përziejini thërrimet e mbetura me 1 T. gjalpë, rezervoni. Thyeni një vezë në çdo pjatë. Grini hudhrën me krem djathin dhe vendoseni butësisht sipër vezëve. Shtoni salmon të tymosur, duke palosur shirita të gjatë sipas nevojës.

b) Spërkateni çedarin e grirë mbi salmonin. Vendosni 1 fetë domate të yndyrshme në çdo pjatë. Thërrmoni gjysmën e thërrimeve të bukës mbi çdo pjatë dhe piqini në furrë 350 për 8 deri në 15 minuta, më pas ziejini për 2 deri në 3 minuta, derisa majat të skuqen dhe të jenë paksa të freskëta. Shërbejeni menjëherë.

40. Vezë të ziera dhe salmon i tymosur

Rendimenti: 4 Shërbim

Përbërës

- ½ filxhan salcë kosi
- 3 lugë gjelle qiqra të grira
- 2 lugë verë të bardhë
- kripë; për shije
- piper i zi i sapo bluar; për shije
- 4 vezë të mëdha
- 4 patate të mëdha të sapopjekura
- 4 ons salmon i tymosur; i përulur
- 1 qiqra të prera
- 1 havjar me qepë të kuqe të prerë hollë

Drejtimet

a) Në një tas të vogël përzieni kosin, qiqrat dhe verën e bardhë; sezonin sipas shijes me kripë dhe piper. Le menjane. Në një tenxhere të cekët ose tigan sillni 2 inç ujë të ftohtë dhe uthull në një valë mbi nxehtësinë mesatare.

b) Ulni nxehtësinë derisa uji të ziejë lehtë. Thyeni vezët, një nga një, në një filxhan ramekin ose kafeje. Duke e mbajtur ramekinin sa më afër ujit, rrëshqisni butësisht vezën në ujë. Ziejini vezët 3 minuta për të ziera shumë të buta, 5 minuta për të buta mesatare.

c) Duke përdorur një lugë të prerë, hiqni vezët. Nëse është e nevojshme, thajeni butësisht me peshqir letre. Pritini sipër patatet e pjekura në feta dhe shtrydhni. Sipër shtoni vezët dhe rrafshoni shiritat e salmonit. Duke përdorur një shishe shtrydhëse ose një lugë çaji, hidhni salcë kosi mbi salmon dhe rreth patateve.

d) E zbukurojmë në mënyrë dekorative me qiqra, qepë dhe havjar dhe e shërbejmë menjëherë.

41. Të verdhat e vezëve të konservuara

Përbërësit

- 1 ½ filxhan sheqer
- 1½ filxhan kripë kosher
- 8 vezë

Drejtimet

a) Kombinoni 1 filxhan sheqer dhe 1 filxhan kripë në pjesën e poshtme të një tigani ose enë katrore 8 inç të madhe sa të përmbajë tetë të verdha veze pa i prekur.

b) Përdorni pjesën e pasme të një luge supe për të formuar tetë dhëmbëzime të barabarta në kurën e kripës dhe sheqerit. Mos gërmoni shumë thellë; dëshironi që çdo pjesë e pjesës së poshtme të të verdhës së verdhë të prek sheqerin dhe kripën.

c) Në një pjatë të veçantë, ndani një vezë. Transferoni me kujdes të verdhën e vezës në një nga dhëmbëzat dhe rezervoni të bardhën e vezës për një përdorim tjetër. Ndiqni shembullin me pjesën tjetër të vezëve, një nga një. Është në rregull nëse thyeni aksidentalisht një të verdhë veze, por është më mirë t'i mbani të paprekura.

d) Hidhni butësisht ½ filxhan sheqer dhe ½ filxhan kripë sipër të verdhat për të formuar grumbuj të vegjël. Sigurohuni që të verdhat të jenë të mbuluara plotësisht.

e) Mbulojeni enën ose enën me një kapak të ngushtë ose mbështjellës plastik. Lëreni me kujdes në frigorifer dhe lërini të verdhat të ziejnë për 4 ditë.

f) Vendosni një raft teli në një fletë pjekjeje. Vendosni të verdhat në raft, më pas rrëshqisni tavën në furrë. Lërini të thahen dhe përfundojnë pjekjen për 35 minuta. Të verdhat tuaja tani janë gati për t'u përdorur.

42.   Vezë të kripura

Përbërësit

- 6 vezë
- ¾ filxhan kripë kosher
- 3 gota ujë

Drejtimet

a) Vendosni një enë prej 3 litrash (ose më të madhe) me kapak në një sipërfaqe të qëndrueshme në një vend të freskët dhe larg rrugës, larg nga rrezet e diellit direkte. Vendosini me kujdes të gjitha vezët brenda enës, duke pasur kujdes që të mos i thyeni ndërsa shkoni.

b) Bashkoni kripën dhe ujin në një enë dhe përzieni derisa të keni një shëllirë të turbullt. Hidhni butësisht shëllirë mbi vezët për t'i mbuluar plotësisht.

c) Lërini vezët të qëndrojnë në shëllirë për të paktën 5 javë. Pas 12 javësh, ato do të jenë shumë të kripura për t'u shijuar. Nuk do të ketë asnjë ndryshim vizual në vezë.

d) Për të gatuar vezët, vendosni një tenxhere të vogël sipër sobës. Hiqni me kujdes vezët nga shëllira dhe vendosini me kujdes në fund të tenxheres

e) Hidhni një enë me ujë të freskët mbi vezët për t'i mbuluar plotësisht. Mbulojeni tenxheren dhe ziejini në zjarr të fortë derisa uji të vlojë me shpejtësi. Fikni zjarrin, mbajeni tenxheren të mbuluar dhe vendosni një kohëmatës për 6 minuta.

f) Kur të mbarojë koha, kullojini vezët menjëherë dhe më pas vendosini nën ujë të ftohtë derisa të ftohen aq sa duhet. Përdoreni menjëherë, ose vendoseni në frigorifer deri në 1 javë.

g) Për ta servirur, rrotulloni butësisht një vezë për të çarë lëvozhgën në të gjithë. Qëroni vezën. E bardha do të jetë e fortë, por e butë, dhe e verdha do të jetë shumë e fortë dhe e ndritshme. Hani vezët të plota, ndajini në gjysmë për së gjati ose copëtoni.

43.   Vezë të tymosur me salcë soje

Përbërës

- 6 vezë
- 1½ filxhan ujë
- 1 filxhan salcë soje
- 2 lugë gjelle uthull orizi
- 2 luge sheqer
- 4 lugë çaji çaj lapsang souchong, në një qese çaji ose top çaji për heqje të lehtë

Drejtimet

1. Vendosni me kujdes vezët në një shtresë të vetme në një tenxhere mesatare dhe mbulojini me 2 centimetra ujë. Mbulojeni tenxheren dhe ziejini në zjarr të fortë derisa uji të vlojë me shpejtësi. Fikni zjarrin, mbajeni tenxheren të mbuluar dhe vendosni një kohëmatës për 6 minuta. Kur të mbarojë koha, kullojini vezët menjëherë dhe më pas vendosini nën ujë të ftohtë derisa të ftohen aq sa duhet.

2. Kthejeni tenxheren në sobë dhe shtoni ujin, salcën e sojës, uthullën, sheqerin dhe çajin. Lëreni këtë shëllirë të ziejë, duke e trazuar për të tretur sheqerin. Fikni zjarrin dhe mbuloni shëllirën për ta mbajtur të ngrohtë.

3. Ndërkohë, çani lëvozhgat e vezëve për një vezë me pamje mermeri, ose qëroni plotësisht për një pamje të lëmuar dhe më

shumë aromë salce soje. Për të plasaritur një lëvozhgë veze, shtrëngoni butësisht pjesën e sipërme dhe të poshtme të saj kundër banakut dhe më pas rrotullojeni përgjatë anës së saj. Nëse jeni duke i qëruar vezët plotësisht, për rezultate më të mira, filloni t'i qëroni vezët nga pjesa e sipërme e madhe, e rrumbullakët, ku do të vini re një xhep të vogël hapësire poshtë lëvozhgës.

4. Vendosni vezët e plasaritura ose të qëruara në një kavanoz konservimi $1\frac{1}{2}$ litërsh. Hidhni çajin dhe hidhni shëllirë mbi vezët për t'i zhytur plotësisht. Nëse vezët notojnë, peshoni ato me një qese të vogël zinxhir plot me ujë.

5. Mbuloni vezët dhe vendosini në frigorifer për të paktën 6 orë që të marrin aromën e shëllirës.

44.   Vezë turshi kerri

Përbërës

- 6 vezë
- 2 lugë fara qimnoni
- 2 lugë çaji koriandër të bluar
- 1½ filxhan ujë
- 1 filxhan uthull molle
- 3 thelpinj hudhër, të grira dhe të qëruara
- 3 feta të holla xhenxhefil të freskët
- 2 lugë çaji shafran i Indisë i bluar
- 2 lugë çaji kokrra piper të zi
- 2 lugë çaji kripë kosher

Drejtimet

a) Vendosni me kujdes vezët në një shtresë të vetme në një tenxhere mesatare dhe mbulojini me 2 inç ujë. Mbulojeni tenxheren dhe ziejini në zjarr të fortë derisa uji të vlojë me shpejtësi. Fikni zjarrin, mbajeni tenxheren të mbuluar dhe vendosni një kohëmatës për 6 minuta.

b) Shtoni qimnonin dhe korianderin dhe tostin mbi zjarr mesatar, duke i trazuar shpesh, derisa të marrin aromë, rreth $2\frac{1}{2}$ minuta. Menjëherë shtoni $1\frac{1}{2}$ filxhan ujë për të ndaluar zierjen, më pas shtoni uthullën, hudhrën, xhenxhefilin, shafranin e Indisë, kokrrat e piperit dhe kripën. Ngritni nxehtësinë në lartësi dhe zieni shëllirën.

c) Ndërkohë, çani një lëvozhgë veze duke e përplasur butësisht pjesën e sipërme dhe të poshtme të saj kundër banakut dhe më pas rrotullojeni përgjatë anës së saj.

d) Vendosni vezët e qëruara në një kavanoz konservimi $1\frac{1}{2}$ litër. Hidhni shëllirë (përfshirë lëndët e ngurta) mbi vezët për t'i zhytur në shëllirë.

e) Mbuloni vezët dhe vendosini në frigorifer për të paktën 4 ditë që të marrin aromën e shëllirës.

45.   Vezë turshi panxhar

Përbërës

- 6 vezë
- 1 panxhar i kuq shumë i vogël, i qëruar dhe i prerë në katër pjesë
- 1 thelpi hudhër, e grirë dhe e qëruar
- 2 lugë çaji sheqer
- 2 lugë çaji kripë kosher
- 1 lugë çaji piper i zi
- ½ lugë çaji fara selino
- ½ lugë çaji fara kopër
- ¼ lugë çaji thekon piper të kuq (opsionale)
- 2 karafil të tërë
- 1 gjethe e vogël dafine
- 1½ filxhan ujë
- ¾ filxhan uthull molle

Drejtimet

a) Vendosni me kujdes vezët në një shtresë të vetme në një tenxhere mesatare dhe mbulojini me 2 inç ujë. Mbulojeni tenxheren dhe ziejini në zjarr të fortë derisa uji të vlojë me shpejtësi. Fikni zjarrin, mbajeni tenxheren të mbuluar dhe vendosni një kohëmatës për 6 minuta.

b) Kombinoni panxharin, hudhrën, sheqerin, kripën, kokrrat e piperit, farat e selinos, farat e koprës, thekonet e piperit, karafilin, gjethen e dafinës, ujin dhe uthullën në tenxhere me zjarr të fortë. Lëreni këtë shëllirë të vlojë, duke e trazuar për të tretur sheqerin dhe kripën.

c) Ndërkohë, çani një lëvozhgë veze duke e përplasur butësisht majën dhe fundin e saj kundër banakut, më pas duke e rrotulluar përgjatë anës së saj.

d) Vendosni vezët e qëruara në një kavanoz konservimi $1\frac{1}{2}$ litër. Hidhni shëllirë të ngrohtë mbi vezët

46.   Kifle misri me gjelin e tymosur

Rendimenti: 36 Shërbim

Përbërës

- 1½ filxhan miell misri të verdhë
- 1 filxhan miell, i situr për të gjitha përdorimet
- ⅓ filxhan Sheqer
- 1 lugë gjelle pluhur pjekjeje
- 1 lugë çaji Kripë
- 1½ filxhan qumësht
- ¾ filxhan Gjalpë, i shkrirë, i ftohur
- 2 vezë të rrahura pak
- ½ kilogram Gjoks gjeldeti të tymosur, i prerë në feta hollë
- ½ filxhan shije boronicë ose mustardë mjalti

Drejtimet

a) Ngroheni furrën në 400 gradë. Tepsi për mini-kifle me gjalpë. Kombinoni miell misri, miell, sheqer, pluhur pjekje dhe kripë në një tas të madh. Përzieni qumështin, gjalpin dhe vezët së bashku në një tas mesatar. Përzieni përzierjen e qumështit në përzierjen e miellit të misrit derisa të njomet. Hidhni brumin me lugë në tepsi për mini kifle.

b) Piqeni derisa të marrë ngjyrë të artë, 14-16 minuta. Lëreni të ftohet në raft teli për pesë minuta. Hiqeni nga tiganët dhe lëreni të ftohet plotësisht.

47.   Salmon i tymosur me petulla me patate

Rendimenti: 2 Shërbim

Përbërës

- 150 gram Pure patate
- 15 mililitra miell i bardhë
- 30 mililitra qumësht
- 2 vezë, të rrahura
- Kripë dhe piper i zi i sapo bluar
- 1 qepë sallate; i grirë imët
- 100 gram Salmon të tymosur
- 1 lugë vaj ulliri
- 225 gram fileto salmoni i tymosur lehtë
- 2 vezë, të ziera

Drejtimet

a) Përzieni patatet, miellin, qumështin, vezët dhe erëzat për të bërë një brumë të butë.

b) Përziejini prerjet e qepëve dhe salmonit.

c) Ngrohni një tigan, shtoni pak vaj dhe hidhni një lugë të madhe nga përzierja. Përzierja duhet të bëjë rreth 6-8 petulla, secila 8 cm (3") në diametër.

d) Gatuani secilën anë për 1-2 minuta në zjarr mesatar ose derisa të marrin ngjyrë kafe të artë. Lëreni mënjanë dhe mbajeni të ngrohtë.

e) Ngrohni vajin e ullirit në një tigan, shtoni fetat e filetos së salmonit të tymosur lehtë dhe gatuajeni për 1 minutë nga secila anë.

48. Salmon i tymosur i pjekur dhe djathë feta

Rendimenti: 2 Shërbim

Përbërës

- 3 ons Salmon i tymosur, i prerë në kubikë
- 6 ons krem djathi, i zbutur
- 3 onca djathë feta
- 1 vezë e rrahur pak
- 1 lugë çaji Kaper
- 2 lugë majdanoz i grirë imët
- 4 Qepa, të grira nga sipër, të prera në kubikë
- 1 lugë fara lulekuqe

Drejtimet

a) Do t'ju duhet gjithashtu 1 fletë pastiçerie e ngrirë, e prerë në një drejtkëndësh 3" X 8" dhe pak gjalpë të shkrirë. Ngroheni furrën në 375 gradë. Në një tas mesatar, përzieni me dorë salmonin, kremin e djathit, djathin feta, vezën, kaperin, majdanozin dhe qepën. Hapeni fletën e ëmbëlsirës për të dyfishuar madhësinë e saj.

b) Lyejeni lirisht me gjalpë të shkrirë. Përhapeni përzierjen e salmonit mbi fletë. Rrokullisni, në stil pelte, duke i palosur skajet për t'u mbyllur. Lyejeni pjesën e sipërme të rrotullës me gjalpë të shkrirë dhe spërkateni me farat e lulekuqes. Bëni prerje diagonale $\frac{1}{2}$ inç të thellë përgjatë rrotullës për të lejuar që avulli të dalë. Piqni rrotullën për 20 deri në 30 minuta ose derisa të marrë ngjyrë të artë. Shërbejeni të ngrohtë.

49.   Tortë me djathë me salmon të tymosur

Rendimenti: 1 shërbim

Përbërës

- 12 ons krem djathi, i zbutur
- ½ paund Salmon i tymosur ose Lox
- 3 vezë
- ½ Shallotë, e grirë
- 2 lugë krem i rëndë
- 1½ lugë çaji lëng limoni
- majë kripë
- majë piper të bardhë
- 2 lugë sheqer të grimcuar
- ½ filxhan kos i thjeshtë
- ¼ filxhan salcë kosi
- 1 lugë gjelle lëng limoni
- ¼ filxhan Qiqra të grirë
- Specat e kuq dhe të verdhë të prerë në kubikë

Drejtimet

a) Në tasin e mikserit rrihni djathin derisa të jetë shumë i butë. Në përpunuesin e ushqimit, bëni pure salmonin për të pastruar; shtoni vezët një nga një dhe qepën.

b) Vendoseni përzierjen e salmonit në një tas; përzierje në krem, lëng limoni, kripë, piper dhe sheqer; përzieni mirë. Palosni djathin krem pana.

c) Hidheni në tepsi të lyer me gjalpë 7- ose 8-inç formë. Vendoseni tavën e mbushur në një tavë më të madhe për pjekje; rrethoni tiganin më të vogël me 1 inç ujë të nxehtë. Piqni 25 deri në 30 minuta.

d) Ndërkohë bëni salcën.

1.

50. Scoons çedar

Rendimenti: 8 Shërbim

Përbërës

- 4 gota përzierje biskotash
- $1\frac{1}{4}$ filxhan qumësht
- 2 vezë
- $\frac{1}{4}$ filxhan gjalpë; i shkrirë
- $2\frac{1}{2}$ filxhan djathë çedër i grirë imët
- Gjel deti të tymosur; të prera hollë

Drejtimet

a) Kombinoni përzierjen e biskotave, qumështin, vezët, gjalpin dhe djathin; përzieni mirë derisa përbërësit të jenë lagur.

b) Hidhini lugët në një tepsi të lyer me pak yndyrë. Ngrohni furrën në 400øF; piqni për 12 deri në 14 minuta ose deri në kafe të artë. Hiqeni nga furra dhe ftoheni pak para se ta hiqni nga tepsi.

c) Për t'u servirur, grijini copëzat në gjysmë dhe mbushini me një fetë të vogël gjeldeti.

51. Petulla me patate me qiqra

Rendimenti: 6 Shërbim

Përbërës

- 2 paund patate Russet; të qëruara dhe të prera në kubikë
- 1 qepë mesatare; prerë në copa
- 2 lugë gjelle vakt Matzo; ose miell për të gjitha përdorimet
- 2 vezë; të ndara
- 4 lugë qiqra të freskëta; i copëtuar
- 2 lugë çaji kripë
- ½ lugë çaji piper i bardhë
- ⅔ filxhan vaj misri; për tiganisje
- 6 ons Salmon i tymosur; të prera hollë
- 3 ons Havjar i Artë

Drejtimet

a) Pritini patatet dhe qepën në një përpunues ushqimi. Transferoni përmbajtjen e tasit të punës në një tas të madh.

b) Vendosni një sitë të madhe mbi një tas mesatar. Vendoseni përzierjen e patateve dhe qepëve në një sitë dhe shtypeni fort për të nxjerrë lëngje; lëngje rezervë.

c) Kthejeni përzierjen e patates në një tas të madh. Përzieni në miellin e matzo-s, të verdhat e vezëve, 2 lugë qiqra, kripë dhe piper. Shtoni paste në brumin e patates. Rrihni të bardhat e vezëve derisa të jenë të forta, por jo të thahen; paloseni në brumë.

d) Nxehni ⅓ filxhan vaj në secilën nga 2 tiganët e mëdhenj të rëndë mbi nxehtësinë mesatare-të lartë. Hidhni 1 lugë gjelle të mbushur me brumë patate për petull në vaj të nxehtë; përhapeni secilën në diametër 3". Gatuani petullat derisa fundi të marrë ngjyrë kafe

52. Puding me misër dhe gjeldeti të tymosur

Rendimenti: 4 Shërbim

Përbërës

- 2 lugë gjelle gjalpë
- ½ filxhan qepë të prera imët
- 1 filxhan Speca zile të kuqe të prera imët
- 1 lugë gjelle niseshte misri i tretur në lëngun e pulës
- 1 filxhan krem i lehtë
- 4 vezë të ndara
- 1 lugë çaji mustardë Dijon
- 2 gota kokrra misri të ngrirë të shkrirë
- 1 filxhan gjeldeti i tymosur i grirë
- Kripë dhe piper i zi i sapo bluar

Drejtimet

1. Ngroheni gjalpin në një tigan 9 inç. Ziejini qepët dhe specat derisa të zbuten dhe qepët të marrin pak ngjyrë kafe.

2. Kur të ftohen, transferojini ato në një tas për përzierje dhe shtoni niseshte misri, ajkën, të verdhat e vezëve dhe mustardën. E trazojmë mirë që të përzihet.

3. Palosni misrin dhe gjelin e detit në përzierjen e vezëve. I rregullojmë me kripë dhe piper. Rrahim të bardhat e vezëve derisa të mbajnë maja të forta, por jo të thahen dhe i palosim në përzierjen e të verdhës së vezëve.

4. Transferoni në enë për pjekje të lyer me gjalpë dhe piqini për 35 deri në 40 minuta ose derisa të marrin ngjyrë kafe dhe të fryhet.

5. Shërbejeni me një pjatë anësore me domate të pjekura në feta dhe vinegrette.

53. Tortë kremoze me salmon të tymosur dhe kopër

Rendimenti: 6 Shërbim

Përbërës

- 5 Fletë phyllo - shkrirë
- 3 lugë gjalpë pa kripë - i shkrirë
- 4 te verdha veze te medha
- 1 lugë gjelle mustardë Dijon - PLUS 1 lugë çaji
- 3 vezë të mëdha
- 1 filxhan Gjysmë e gjysmë
- 1 filxhan krem pana
- 6 ons Salmon i tymosur - i copëtuar
- 4 qepë të njoma - të copëtuara
- ¼ filxhan kopër

Drejtimet

1. Lyejeni bujarisht gjalpë pjatë byreku me diametër 9-½ inç. Vendosni 1 fletë fije në sipërfaqen e punës. Lyejeni fletën e filos me gjalpë dhe paloseni përgjysmë për së gjati.

2. Lyejeni sipërfaqen e palosur me gjalpë. Pritini në gjysmë në mënyrë tërthore. Në pjatën e përgatitur të byrekut, vendosni 1 drejtkëndësh, me anën e lyer me gjalpë poshtë. Lyejeni majën e filos në pjatën e byrekut me gjalpë. Vendoseni drejtkëndëshin e dytë filo në pjatën e byrekut, duke mbuluar pjesën e poshtme dhe duke e lënë pastën të varet nga një pjesë tjetër e skajit me ½ inç; lyej me gjalpë.

3. Ngrohni furrën në 350F. Rrihni të verdhat dhe mustardën në një tas mesatar për t'u përzier. Rrihni vezët, gjysmë e gjysmë, kremin, salmonin dhe qepët dhe koprën e grirë. I rregullojmë sipas shijes me kripë dhe piper. Hidheni në koren e përgatitur.

4. Piqni derisa qendra të jetë vendosur, rreth 50 minuta. Transferimi në raft. I ftohtë.

5. E zbukurojmë me degëza kopra dhe e servirim pak të ngrohtë ose në temperaturë ambienti

54. Latkes me salmon të tymosur

Rendimenti: 1 shërbim

Përbërës

- 2 kilogramë patate, të qëruara
- 1 vezë
- 2 luge miell
- ½ lugë çaji kripë
- Piper i bluar për shije
- 2 ons Salmon i tymosur, i grirë
- 1 filxhan qepë të gjelbër, të copëtuar
- 3 lugë vaj vegjetal
- Salmon i tymosur Latkes

Drejtimet

1. Grini patatet dhe duke përdorur duart shtrydhni sa më shumë lëng që të jetë e mundur.

2. Vendosni patatet në një tas të madh përzierjeje, shtoni miell kripë dhe piper; trazojini mirë.

3. Shtoni salmonin e tymosur dhe qepët e njoma, përzieni që të kombinohen

4. Hidh 1 lugë gjelle. vaj në një enë të madhe pjekjeje të papërshkueshme nga furra me anët e cekëta; shpërndani vaj në fund.

5. Hidhni një lugë të madhe gjelle nga përzierja e patates $\frac{1}{2}$ inç larg njëra-tjetrës në enë të lyer me yndyrë, rrafshoni pak.

6. Piqini në furrë për rreth 8 minuta ose derisa latkes të marrin ngjyrë kafe të artë.

55. Pancakes me bollgur me kanellë

Përbërësit

- 1½ filxhan tërshërë të modës së vjetër
- ½ filxhan miell gruri integral
- 1 lugë çaji kanellë të bluar
- 1 lugë çaji pluhur pjekjeje
- 2 gota dhallë me pak yndyrë
- 2 lugë shurup panje
- 1 vezë
- Spërkatje gatimi

Drejtimet

1. Në një tas mesatar për përzierjen, bashkoni tërshërën, miellin, kanellën dhe pluhurin për pjekje.

2. Në një tas të madh përzierjeje, rrihni së bashku dhallën, shurupin e panjës dhe vezën.

3. Shtoni përzierjen e thatë në përzierjen e lagësht në 2 ose 3 shtesa, duke e përzier mirë pas çdo shtese. Lëreni të qëndrojë për 10 deri në 15 minuta, derisa masa të bëhet me flluska.

4. Spërkatni një tigan që nuk ngjit me llak gatimi dhe ngroheni në nxehtësi mesatare. Hidhni brumin me lugë në tigan, rreth

¼ filxhan për çdo petull dhe gatuajeni për 2 deri në 3 minuta, derisa të shfaqen flluska në sipërfaqe. Rrokullisni dhe vazhdoni të gatuani edhe 1 deri në 2 minuta, derisa çdo petull të skuqet nga ana e dytë.

56. Swiss Chard dhe Quinoa Frittata

SHËRBON 6

Përbërës

- Spërkatje gatimi
- ⅓ filxhan thërrime buke të pa erëza
- 1 luge vaj ulliri
- 1 qepë mesatare, e prerë në kubikë
- 2 thelpinj hudhre, te grira
- 1 kile gjethe chard zvicerane, kërcelli i fortë qendror i hequr dhe gjethet e prera hollë
- 1 lugë gjelle trumzë e freskët e grirë
- ¼ lugë çaji thekon piper të kuq
- 1 filxhan quinoa, e gatuar
- 1 filxhan djathë rikota të skremuar pjesërisht
- ¼ lugë çaji piper i sapo bluar
- 2 vezë të rrahura lehtë

Drejtimet

1. Ngrohni furrën në 350°F.

2. Spërkatni një enë pjekjeje 8 me 8 inç me llak gatimi dhe lyejeni me thërrimet e bukës.

3. Ngrohni vajin në një tigan të madh mbi nxehtësinë mesatare-të lartë. Shtoni qepën dhe hudhrën dhe gatuajeni, duke i përzier shpesh, derisa të zbuten, rreth 5 minuta.

4. Shtoni letrën dhe gatuajeni edhe 3 deri në 4 minuta, duke e përzier shpesh, derisa zarzavatet të jenë tharë. Përzieni trumzën dhe thekon spec të kuq.

5. Hiqeni tiganin nga zjarri dhe transferojeni përzierjen e drithit në një tas mesatar për përzierjen.

6. Përzieni quinoa-n e gatuar, djathin, piperin dhe vezët në përzierjen e drithit. Transferoni masën në enën e përgatitur për pjekje dhe piqeni në furrë për rreth 1 orë, derisa skajet sapo të kenë filluar të skuqen dhe qendra të jetë vendosur.

7. Lëreni frittatën të ftohet për disa minuta përpara se ta prisni në katrorë. Shërbejeni të ngrohtë ose në temperaturë ambienti.

57. Vezë të pjekura pikante me djathë dhie

SHËRBON 4

Përbërës

- Spërkatje gatimi
- 10 ons spinaq të ngrirë të copëtuar, të shkrirë dhe të shtrydhur të thatë
- 4 vezë
- ¼ filxhani salsa e trashë
- ¼ filxhan djathë dhie të grimcuar
- Piper i sapo bluar

Drejtimet

1. Ngrohni furrën në 325°F.

2. Spërkatni katër ramekin 6 ons ose gota krem me llak gatimi.

3. E mbulojmë pjesën e poshtme të secilës ramekin me spinaq, duke e ndarë në mënyrë të barabartë. Bëni një gropë të lehtë në qendër të çdo shtrese spinaqi.

4. Thyejeni një vezë sipër spinaqit në çdo ramekin. Mbi çdo vezë hidhni 1 lugë salsa dhe 1 lugë gjelle djathë dhie. Spërkateni me piper.

5. Vendosim ramekinet në një tepsi dhe i pjekim në furrë për rreth 20 minuta, derisa të bardhat të jenë bllokuar plotësisht, por e verdha të jetë ende pak e lëngshme. Shërbejeni menjëherë.

60. Omëletë me kërpudha me hudhër dhe djathë

SHERBET 1

Përbërës

- 2 vezë
- 1 lugë çaji ujë
- Piper i sapo bluar
- Spërkatje gatimi
- ½ lugë çaji hudhër të grirë
- 4 ons buton me feta ose kërpudha cremini
- 1 ons djathë zviceran i grirë me pak natrium
- 1 lugë çaji majdanoz i freskët i grirë

Drejtimet

1. Në një tas të vogël, rrihni vezët, ujin dhe piperin për shije derisa të kombinohen mirë.

2. Spërkatni një tigan të vogël që nuk ngjit me llak gatimi dhe ngroheni mbi nxehtësinë mesatare. Shtoni hudhrat dhe kërpudhat dhe gatuajeni, duke i përzier shpesh, derisa kërpudhat të jenë të buta, rreth 5 minuta. Transferoni përzierjen e kërpudhave në një tas.

3. Spërkateni përsëri tiganin me llak gatimi, nëse është e nevojshme, dhe vendoseni në nxehtësi mesatare. Shtoni vezët dhe ziejini derisa skajet të fillojnë të zihen. Me një shpatull shtyjeni vezën e vendosur nga skajet drejt qendrës. Anoni tiganin, duke lejuar që veza e pazier të përhapet në pjesën e jashtme të vezës së vendosur. Gatuani derisa omleta të jetë gati gati.

4. Hidhni me lugë kërpudhat e gatuara në omëletë në një vijë poshtë qendrës. Hidhni sipër djathin dhe gjysmën e majdanozit.

5. Palosni njërën anë të omëletës mbi pjesën e sipërme të anës tjetër. Lëreni të gatuhet për 1 minutë ose më shumë që të shkrihet djathi.

6. Rrëshqitni omëletën në një pjatë dhe shërbejeni menjëherë, duke e zbukuruar me majdanozin e mbetur.

61. Hëna me mollë të përtypur

Rendimenti: 18 racione

Përbërës

- ¾ filxhan lëng, mollë -- koncentrat
- ½ filxhan Mollë -- të thata
- 2 vezë
- ¼ filxhan Gjalpë -- i shkrirë dhe i ftohur
- 1 lugë çaji vanilje
- 1¼ filxhan miell
- ½ lugë çaji pluhur pjekjeje
- ½ lugë çaji kanellë -- bluar
- ¼ lugë çaji kripë
- ⅛ lugë çaji arrëmyshk -- i bluar

Drejtimet

1. Pritini frutat. Kombinoni koncentratin e lëngut të mollës dhe mollët; lëreni të qëndrojë 10 minuta.

2. Ngroheni furrën në 350. Rrihni vezët në një tas mesatar. Përzieni në përzierjen e koncentratit, gjalpin dhe vaniljen. Shtoni përbërësit e mbetur dhe përziejini mirë. Hidhni një

lugë gjelle brumë 2" në fletët e biskotave të lyera me yndyrë.

3. Piqni 10-12 minuta, derisa të forcohet dhe të marrë ngjyrë kafe të artë.

62. Tortë diabetike dhe me pak natrium paund

Rendimenti: 4 porcione

Përbërës

- 1½ filxhan Shkurtim perimesh
- 2¾ filxhan Sheqer
- 9 vezë
- 1 limon; Lëngu i
- 1 lugë çaji vanilje
- 2 gota miell keku i situr

Drejtimet

1. Ngroheni furrën në 300 gradë. Lyejeni me yndyrë dhe miell tavën me tub 10 inç.

2. Shkurtimi i kremit derisa të jetë i qetë. Gradualisht shtoni mirë sheqerin dhe kremin.

3. Shtoni vezët një nga një, duke i bërë krem mirë pas secilës. Përzieni lëngun e limonit dhe vaniljen. Shosh miellin e kekut dhe shtojeni në masë.

4. Hidheni përzierjen në tigan. Piqni për 1 orë e gjysmë ose derisa të bëhen testet.

63. Akullore me Sheqer Kaf-Pekan

SHËRBON 8

Përbërës

- 1 lugë gjelle ujë
- 1½ lugë çaji xhelatinë pluhur pa aromë
- 2½ gota qumësht me pak yndyrë
- ¾ filxhan sheqer kafe të errët të paketuar
- ½ lugë çaji kanellë të bluar
- 3 te verdha veze
- 1 (12 ons) kanaçe qumështi i avulluar pa yndyrë
- 1 lugë çaji ekstrakt vanilje
- ½ filxhan pecans të copëtuar

Drejtimet

1. Në një tenxhere të madhe, ngrohni 1½ filxhan qumësht mbi nxehtësinë mesatare. Kur qumështi të jetë nxehtë, përzieni sheqerin kaf dhe kanellën dhe vazhdoni të ngrohni.

2. Në një tas mesatar, përzieni të verdhat e vezëve dhe qumështin e avulluar. Shtoni përzierjen e qumështit të nxehtë në përzierjen e vezëve në një rrjedhë të hollë, duke e përzier vazhdimisht, derisa të kombinohen mirë.

3. Transferoni përzierjen përsëri në tenxhere dhe ngroheni mbi nxehtësinë mesatare, duke e përzier vazhdimisht, derisa masa të fillojë të trashet, rreth 5 minuta.

4. Kullojeni përzierjen përmes një sitë me rrjetë të imët në një tas dhe përzieni përzierjen e xhelatinës dhe ujit.

5. Përzieni 1 filxhan qumësht të mbetur dhe ekstraktin e vaniljes, mbulojeni dhe ftohuni në frigorifer për të paktën 2 orë ose gjatë natës.

6. Përziejeni përzierjen, transferojeni në një prodhues akulloreje dhe ngrijeni sipas udhëzimeve të prodhuesit. Kur masa është pothuajse e ngrirë, shtoni pecanët.

64. Torte me shtrese beze limoni

Përbërës

Për tortën:
- Spërkatje gatimi
- Miell për të gjitha përdorimet, për pluhurosje
- 4 vezë, në temperaturë ambienti
- ⅔ filxhan sheqer
- 1 lugë çaji ekstrakt vanilje
- 1 lugë çaji lëvore limoni
- 3 lugë vaj kanola
- ¾ filxhan miell keku

Për mbushjen:
- 1 kuti qumësht i kondensuar i ëmbëlsuar pa yndyrë
- 1 lugë çaji lëvore limoni
- ⅓ filxhan lëng limoni të freskët

Për pjesën e sipërme:
- 2 të bardha veze, në temperaturë ambienti
- ¼ lugë çaji krem tartar
- ¼ filxhan sheqer
- ¼ lugë çaji ekstrakt vanilje

Drejtimet

Për të bërë tortën:

1. Në një tas të madh, bashkoni vezët dhe sheqerin dhe rrihni me një mikser elektrik të vendosur në shpejtësi mesatare-të lartë derisa të bëhet me gëzof dhe të verdhë të zbehtë, 8 deri në 10 minuta. Shtoni vaniljen dhe lëkurën e limonit.

2. Duke përdorur një shpatull gome, hidhni butësisht vajin.

3. Përzieni miellin vetëm derisa të përfshihet.

4. Transferoni brumin në tavat e përgatitura, duke e ndarë në mënyrë të barabartë.

5. Piqni ëmbëlsirat për 20 deri në 22 minuta, derisa një kruese dhëmbësh e futur në qendër të dalë e pastër.

6. Vendosini tavat në një raft teli që të ftohen për 10 minuta, më pas kthejini ëmbëlsirat në raft dhe ftohen plotësisht.

65. Byrek me krem me çokollatë

SHËRBON 8
Përbërës

Për koren:
- 1¼ filxhan cokollatë thërrime biskotash
- 3 lugë gjalpë pa kripë, të shkrirë

Për mbushjen:
- ¾ filxhan sheqer
- ¼ filxhan niseshte misri
- ¼ filxhan pluhur kakao pa sheqer
- 1¾ filxhan qumësht me pak yndyrë ose qumësht kokosi të lehtë
- 1 vezë
- 4 ons çokollatë e ëmbël e hidhur, e grirë imët
- Mbushje e rrahur pa qumësht pa yndyrë, për servirje

Drejtimet

1. Në një tenxhere të madhe të vendosur mbi nxehtësinë mesatare, përzieni sheqerin, niseshtën e misrit dhe kakaon. Shtoni qumështin dhe vezën dhe vazhdoni t'i përzieni derisa të jetë e qetë.

2. Gatuani, duke e përzier vazhdimisht, derisa masa të marrë flluska dhe të trashet, rreth 5 minuta.

3. E largojmë masën nga zjarri dhe shtojmë çokollatën duke e trazuar derisa të shkrihet plotësisht dhe të përfshihet.

4. Hidheni mbushjen në koren e përgatitur, mbulojeni me mbështjellës plastik, duke shtypur plastikën në sipërfaqen e mbushjes dhe ftohni derisa të vendoset, të paktën 4 orë.

5. Shërbejeni të ftohur, të lyer me fruta ose sipër të rrahur, sipas dëshirës.

66. Biskota qershi-bajame

BËN 18 BISKOT

Përbërës

- 1 filxhan miell për të gjitha përdorimet
- 1 filxhan miell gruri integral
- ½ lugë çaji pluhur pjekjeje
- ½ lugë çaji sodë buke
- ¼ filxhan gjalpë pa kripë
- ½ filxhan sheqer të grimcuar
- ¼ filxhan sheqer kaf
- 2 vezë
- 1 lugë ekstrakt vanilje
- 3 okë bajame
- 2 ons qershi të thata, të copëtuara

Drejtimet

1. Në një tas mesatar, përzieni miellin, pluhurin për pjekje dhe sodën e bukës.

2. Në një tas të madh, duke përdorur një mikser elektrik, rrahim gjalpin dhe sheqernat së bashku derisa të bëhen krem. Shtoni vezët, një nga një.

3. Shtoni vaniljen dhe perberesit e thate dhe i rrahim derisa te bashkohen mire. Shtoni bajamet dhe qershitë e thata.

4. Ndani brumin në 2 pjesë të barabarta. Në fletën e përgatitur për pjekje, formoni brumin në dy petë 3 me 8 inç.

5. Piqini bukët derisa të marrin ngjyrë të artë, 30 deri në 35 minuta.

6. Pritini bukët në një kënd 45 gradë në feta 1 inç të gjerë.

7. Kthejini fetat në tepsi, duke i vendosur në skajet e tyre të paprerë. Piqni biskotat derisa të thahen shumë dhe të skuqen lehtë, rreth 25 minuta.

67. Biskota me bollgur-çokollatë

Përbërës

- ½ filxhan miell për të gjitha përdorimet
- ½ filxhan miell gruri integral
- ¾ filxhan tërshërë të mbështjellë të modës së vjetër që gatuhet shpejt
- ½ lugë çaji pluhur pjekjeje
- ⅓ lugë çaji sodë buke
- ¾ filxhan sheqer kafe të hapur
- ⅓ filxhan vaj kanola
- 1 vezë
- 1 lugë çaji ekstrakt vanilje
- ⅓ filxhan patate të skuqura çokollatë të zezë

Drejtimet

1. Ngrohni furrën në 350°F.

2. Rreshtoni një fletë të madhe pjekjeje me letër pergamene.

3. Në një tas mesatar për përzierjen, bashkoni miellin, tërshërën, pluhurin për pjekje dhe sodën e bukës.

4. Duke përdorur një mikser elektrik, në një tas të madh, lyeni sheqerin dhe vajin.

5. Shtoni vezën dhe vaniljen dhe i rrahim që të bashkohen.

6. Shtoni masën e thatë në masën e lagur dhe rrihni që të bashkohet.

7. Palosni copëzat e çokollatës.

8. Hidheni brumin e biskotave në fletën e pjekjes me lugë të rrumbullakosura.

9. Piqni biskotat deri në kafe të artë, rreth 25 minuta. Transferoni biskotat në një raft teli që të ftohen.

68. Byrek me bukë misri me pak natrium

Përbërës

- 1 kile mish viçi i bluar, i ligët
- 1 çdo qepë e madhe -- e copëtuar
- 1 çdo supë domate Mock
- Kripë dhe ¾ lugë çaji piper i zi
- 1 lugë gjelle pluhur djegës
- 12 ons Misër i ngrirë i bërthamës
- ½ filxhan Piper jeshil -- i copëtuar
- ¾ filxhan miell misri
- 1 lugë gjelle Sheqer
- 1 lugë gjelle miell për të gjitha përdorimet
- 1½ lugë çaji pluhur pjekjeje
- 2 të bardha veze -- të rrahura mirë
- ½ filxhan qumësht 2%.
- 1 lugë gjelle pikon proshutë

Drejtimet

1. Byrek me bukë misri: Përzieni në një tigan mishin e grirë dhe qepën e grirë.

2. Kafe mirë. Shtoni supen me domate, ujin, piperin, djegesin pluhur, misrin dhe piperin jeshil te grire. Përziejini mirë dhe lërini të ziejnë për 15 minuta. Kthejeni në një tavë të lyer me yndyrë. Spërkateni me bukë misri (poshtë) dhe piqini në një furrë të moderuar (350 ~ F) për 20 minuta.

3. Mbushja e bukës së misrit: Shoshni së bashku miellin e misrit, sheqerin, miellin dhe pluhurin për pjekje. Shtoni vezën e rrahur mirë, qumështin dhe pikimet e proshutës. Kthejeni në përzierjen e viçit.

69. Tortë sufle me çokollatë

Rendimenti: 8 racione

Përbërës

- Vaj vegjetal që nuk ngjit
- Spërkatni
- 14 lugë sheqer
- ⅔ filxhan Arra, të thekura
- ½ filxhan pluhur kakao pa sheqer
- 3 lugë vaj vegjetal
- 8 te bardha veze te medha
- 1 majë kripë
- Sheqer pluhur

Drejtimet

1. Përhapeni tiganin dhe letrën me llak me vaj vegjetal. E spërkasim tiganin me 2 lugë sheqer. Grini imët arrat me 2 lugë sheqer në procesor. Transferoni përzierjen e arrave në një tas të madh. Përzieni 10 lugë sheqer dhe kakaon, më pas vajin.

2. Duke përdorur një mikser elektrik, rrihni të bardhat e vezëve dhe kripën në një tas të madh derisa të formohen maja të buta. Palosni të bardhat në përzierjen e kakaos.

3. Hidhni brumin me lugë në tiganin e përgatitur; majë e lëmuar.

4. Piqeni derisa torta të fryhet dhe testuesi i futur në qendër të dalë me thërrime të njoma, rreth 30 minuta.

70. Taco për mëngjes

Përbërës

- 1 lugë çaji qimnon i bluar
- 1 (15 ons) fasule rozë pa kripë pa shtuar
- 4 qepë, të prera në feta
- 1 spec i kuq i vogël zile, i prerë në rripa të hollë
- ½ filxhan supë pule me natrium të reduktuar
- 2 thelpinj hudhre, te grira
- 4 vezë
- 4 lugë kos pa yndyrë
- 4 lugë salsa
- 8 (6") tortilla misri, të thekura

Drejtimet

a) Nxehni një tigan 10 inç që nuk ngjit në nxehtësi mesatare-të lartë. Shtoni kuminin dhe gatuajeni, duke e përzier herë pas here, për rreth 30 sekonda, ose derisa të ketë aromë. Shtoni fasulet, qepët, piperin, lëngun dhe hudhrën. Lëreni të vlojë dhe më pas ulni zjarrin në mënyrë që përzierja të ziejë. Gatuani për 8 minuta.

b) Përdorni pjesën e pasme të lugës për të bërë katër dhëmbëza në fasule. Thyejeni secilën vezë në një filxhan kremi dhe derdhni në çdo dhëmbëzim. Mbulojeni dhe gatuajeni për rreth 8 minuta.

c) Hidhni çdo pjesë të përzierjes së fasuleve të mbuluara me vezë në një pjatë. Spërkatni ullinjtë mbi dhe rreth fasuleve. Mbi çdo shërbim me 1 lugë gjelle kos dhe 1 lugë gjelle salsa.

71. Hash Barbecue

Përbërës

- 3 patate të ëmbla, të qëruara dhe të prera
- 1 (8 ons) paketë tempeh, e copëtuar
- 1 qepë e grirë hollë
- 1 spec i kuq zile, i grirë holle
- 1 lugë gjelle salcë Barbecue e blerë në dyqan
- 1 lugë çaji erëza Cajun
- ¼ filxhan majdanoz të freskët të grirë
- 4 vezë salcë me spec djegës (opsionale)

Drejtimet

a) Ngrohni 3 lugë vaj në një tigan të madh që nuk ngjit mbi nxehtësinë mesatare-të lartë. Shtoni patatet e ëmbla dhe tempeh dhe gatuajeni, duke i përzier herë pas here, për 5 minuta, ose derisa masa të fillojë të marrë ngjyrë kafe. Ulni nxehtësinë në mesatare.

b) Shtoni qepën dhe piperin zile dhe ziejini për 12 minuta më shumë, duke i trazuar më shpesh në fund të kohës së gatimit, derisa tempeh të skuqet dhe patatet të zbuten.

c) Shtoni salcën e Barbecue, erëzat Cajun dhe majdanozin. Hidheni të kombinohen, më pas ndajini në 4 pjata për servirje.

d) Fshijeni tiganin me një peshqir letre. Ulni nxehtësinë në mesatare-të ulët dhe shtoni 1 lugë gjelle vaj të mbetur. Thyejmë vezët në tigan dhe gatuajmë në masën e dëshiruar.

e) Rrëshqitni një vezë sipër çdo pjese të hashit dhe shërbejeni menjëherë. Kaloni salcën me spec djegës, nëse dëshironi, në tryezë.

72. Frittata me ullinj dhe barishte

Përbërës

- 1 lugë çaji vaj ulliri, mundësisht ekstra i virgjër
- 3/4 filxhan piper zile të kuq të copëtuar
- 3/4 filxhan piper jeshil i grirë
- 3/4 filxhan (3 ons) djathë Monterey Jack të grirë me yndyrë të reduktuar
- 2 lugë borzilok të freskët të grirë
- 5 vezë + 2 të bardha të rrahura lehtë
- $\frac{1}{4}$ lugë çaji kripë Piper i zi i bluar

Drejtimet

a) Ngrohni furrën në 375°F. Lyejeni një tigan 9 inç kundër furrës me llak vaji vegjetal. Vendoseni në zjarr mesatar-të lartë. Shtoni vajin. Ngroheni për 30 sekonda. Shtoni specat zile. Gatuani, duke e përzier herë pas here, për rreth 5 minuta, ose derisa të jetë thjesht e butë. Spërkatni djathin dhe borzilokun në tigan. Shtoni vezët, të bardhat e vezëve, ullinjtë, kripën dhe piperin.

b) Piqni për rreth 30 minuta, ose derisa vezët të jenë të vendosura. Lëreni të qëndrojë të ftohet pak. Pritini në copa.

73. Shparg Frittata

Përbërësit

- ½ kile asparagus, i prerë në copa 1 inç
- ¼ qepë, e grirë hollë
- 4 vezë
- 2 te bardha veze
- 2 lugë ujë të ftohtë
- 2 lugë çaji lëvore portokalli të sapo grirë
- ¼ lugë çaji kripë Piper i zi i freskët i bluar

Drejtimet

a) Ngrohni furrën në 350°F. Nxehni një tigan 10" të papërshkueshëm nga furra mbi nxehtësinë mesatare për 1 minutë. Shtoni vajin dhe ngrohni për 30 sekonda. Shtoni shpargujt dhe qepën. Gatuani, duke e trazuar, për rreth 2 minuta, ose derisa shpargujt të marrin ngjyrë jeshile të ndezur.

b) Ndërkohë rrihni vezët, të bardhat e vezëve, ujin, lëkurën e portokallit dhe kripën. Hidheni në tigan dhe gatuajeni për 2 minuta, ose derisa të fillojë të zihet në fund. Përdorni një shpatull silikoni për të ngritur skajet e vendosura dhe lëreni përzierjen e papjekur të rrjedhë poshtë. I rregullojmë mirë me piper.

c) E transferojmë në furrë dhe e pjekim për 6 minuta. Përdorni shpatullën për të ngritur skajin e përzierjes së vezëve dhe kthejeni tiganin për të lejuar që çdo vezë e papjekur dhe vaj të rrjedhin poshtë. Piqeni për rreth 6 minuta më gjatë, ose derisa të fryhet dhe të marrë ngjyrë të artë.

74. Dolli me luleshtrydhe-bajame

Përbërësit

- 1 vezë
- ¼ filxhan qumësht pa yndyrë
- ¼ lugë çaji kanellë të bluar
- 1 fetë bukë me drithëra të plota
- 1 lugë çaji margarinë
- ½ filxhan luleshtrydhe të prera në feta

Drejtimet

a) Rrihni vezën në një tas të cekët me qumështin dhe kanellën. Zhytni të dyja anët e bukës në përzierjen e vezëve.

b) Shkrini margarinën në një tigan që nuk ngjit mbi nxehtësinë mesatare. Gatuani bukën për rreth 2 deri në 3 minuta në çdo anë, ose derisa të marrë ngjyrë të artë. Pritini në gjysmë diagonalisht. Vendoseni gjysmën në një pjatë. Hidhni sipër gjysmën e luleshtrydheve dhe bajameve.

c) Mbulojeni me gjysmën tjetër të bukës dhe luleshtrydhet dhe bajamet e mbetura.

75. Pancakes me çokollatë

Përbërësit

- 2/3 filxhan miell gruri të plotë
- 2/3 filxhan miell të gjithanshëm të pazbardhur
- 1/3 filxhan miell misri
- 1 lugë gjelle pluhur pjekjeje
- ½ lugë çaji sodë buke
- 2 gota jogurt vanilje pa yndyrë
- 3/4 filxhan zëvendësues të vezëve pa yndyrë
- 2 lugë vaj kanola
- 3/4 filxhan majë të rrahur jo qumështore

Drejtimet

a) Kombinoni miellin, miellin e misrit, pluhurin për pjekje dhe sodën e bukës në një tas të madh. Përzieni kosin, zëvendësuesin e vezëve, copëzat e çokollatës dhe vajin.

b) Lyejeni një tigan të madh që nuk ngjit me llak gatimi dhe ngroheni mbi nxehtësinë mesatare.

c) Për çdo petull hidhni 2 lugë gjelle brumë në tigan. Gatuani petullat për 2 minuta, ose derisa të shfaqen flluska në sipërfaqe dhe skajet të vendosen. Kthejeni dhe gatuajeni derisa të skuqet lehtë, rreth 2 minuta më gjatë. Përsëriteni me brumin e mbetur.

d) Mbi çdo petull me 1 lugë çaji sipër të rrahur.

76. Waffles me arra me çokollatë

Përbërësit

- 1½ filxhan miell pastiçerie me drithëra të plota
- ½ filxhan pluhur kakao pa sheqer
- 2 lugë çaji pluhur pjekjeje
- ¼ lugë çaji sodë buke
- 1 filxhan qumësht 1%.
- ½ filxhan sheqer kaf të paketuar
- 2 lugë kafeje pluhur ekspres
- 3 lugë vaj ulliri të lehtë
- 3 te bardha veze
- 1/8 lugë çaji kripë
- 3 lugë shurup panje

Drejtimet

a) Rrihni së bashku miellin, pluhurin e kakaos, pluhurin për pjekje dhe sodën e bukës në një tas të madh derisa të kombinohen. Hapni një pus në qendër të përzierjes së miellit dhe shtoni qumështin, sheqerin, pluhurin e ekspresit dhe vajin. Përziejini përbërësit derisa të përzihen.

b) Ngrohni një hekur waffle për 4 minuta, ose sipas udhëzimeve të prodhuesit. Palosni të bardhat në brumin e çokollatës në 3 shtesa, duke i palosur vetëm derisa masa të kombinohet.

c) Lyejini rrjetat e nxehta të vafleve me llak gatimi menjëherë përpara përdorimit. Shtoni brumin e mjaftueshëm për të mbuluar pothuajse rrjetat e vafleve (2/3 filxhan) dhe gatuajeni për 3 deri në 4 minuta.

77. Bare granola dhe qershi të thata

Përbërësit

- 1½ filxhan tërshërë të thjeshtë të thatë
- 1 lugë gjelle miell për të gjitha përdorimet
- 2/3 filxhan qershi të thata të copëtuara pa sheqer
- 2 vezë
- 1 filxhan sheqer të kaftë të paketuar
- 1 lugë gjelle vaj kanola
- 1 lugë çaji kanellë të bluar
- ¼ lugë çaji kripë
- 1 lugë çaji ekstrakt vanilje

Drejtimet

a) Vendosni 1 filxhan shqeme dhe ½ filxhan tërshërë në një fletë të madhe pjekjeje me anët. Piqeni për 10 minuta, ose derisa të skuqet, duke e përzier një herë. Le menjane.

b) Vendosni miellin dhe 1 filxhan tërshërë të mbetur dhe ½ filxhan shqeme në një përpunues ushqimi të pajisur me një teh metalik. Procedoni derisa të jetë e qetë. Transferoni në një tas mesatar dhe kombinoni me qershitë dhe shqeme të rezervuara dhe tërshërë.

c) Rrihni vezët, sheqerin kaf, vajin, kanellën, kripën dhe vaniljen në një tas të madh. Përzieni përzierjen tërshërë-shqeme derisa të përzihet mirë. Përhapeni në tavën e përgatitur.

d) Piqni për 30 minuta, ose deri në kafe të artë.

e)

78. Kifle me fruta dhe arra

Përbërësit

- 1 3/4 filxhan miell pastiçerie me drithëra të plota
- 1½ lugë çaji pluhur pjekjeje
- 1½ lugë çaji kanellë të bluar
- ½ lugë çaji sodë buke
- ¼ lugë çaji kripë
- 1 filxhan kos vanilje pa yndyrë
- ½ filxhan sheqer kaf
- 1 vezë
- 2 lugë vaj kanola
- 1 lugë çaji ekstrakt vanilje
- ½ filxhan ananasi i grimcuar në lëng, i kulluar
- 1/3 filxhan rrush pa fara ose rrush të thatë
- ¼ filxhan karota të grira

Drejtimet

a) Ngrohni furrën në 400°F.

b) Kombinoni miellin, pluhurin për pjekje, kanellën, sodën e bukës dhe kripën në një tas të madh. Bashkoni kosin, sheqerin kaf, vezën, vajin dhe vaniljen në një tas mesatar. Përzieni përzierjen e kosit në përzierjen e miellit derisa të përzihet.

c) Palosni pekanët, ananasin, rrush pa fara ose rrush të thatë dhe karotat.

d) Ndani brumin në mënyrë të barabartë në 12 filxhanë për kifle.

e) Piqeni për 20 minuta.

79. Rostiçeri me kunguj të dyfishtë

Përbërësit

- 1 filxhan kungull i konservuar në paketë të ngurtë
- 1 filxhan karotë të grirë
- ½ filxhan sheqer
- 1/3 filxhan boronica të thata ose rrush të thatë
- ¼ filxhan vaj kanola
- 2 vezë të mëdha
- 1 gotë miell pastiçerie me drithëra të plota
- 1 lugë çaji pluhur pjekjeje
- 1 lugë çaji kanellë të bluar
- ½ lugë çaji sodë buke
- ¼ lugë çaji kripë

Drejtimet

a) Matni 1 filxhan fara kungulli në një blender ose procesor ushqimi dhe përpunoni derisa të bluhen imët. Le menjane. Pritini trashë farat e mbetura dhe lërini mënjanë.

b) Kombinoni kungullin, karrotën, sheqerin, boronicat ose rrushin e thatë, vajin dhe vezët në një tas të madh dhe përzieni derisa të përzihen mirë. Shtoni miellin, farat e bluara të kungullit, pluhurin për pjekje, kanellën, sodën e bukës dhe kripën. Përziejini derisa të përzihen.

c) Derdhni brumin në tavën e përgatitur dhe përhapeni në mënyrë të barabartë. Spërkateni me farat e rezervuara të kungujve të copëtuara. Piqni për 22 deri në 25 minuta, ose derisa pjesa e sipërme të kthehet kur shtypet lehtë. Ftoheni plotësisht në tigan në një raft përpara se ta prisni në 12 bare.

80. Korja e picës me vezë

Përbërësit-

- 3 vezë
- 1/2 filxhan miell kokosi
- 1 filxhan qumësht kokosi
- 1 thelpi hudhër të shtypur

Drejtimet

a) Përziejini dhe bëni një omëletë.

b) Shërbejeni

81. Omëletë me perime

Shërben 1

Përbërësit

- 2 vezë të mëdha
- Kripë
- Gpiper i zi i rrumbullakët
- 1 lugë çajiullirivaj oseqimnonvaj
- 1filxhan spinaq, domate qershi dhe 1 lugë djathë kos
- Piper i kuq i grimcuar dhe një majë kopër

Drejtimet

a) Rrihni 2 vezë të mëdha në një tas të vogël. I rregullojmë me kripë dhe piper të zi të bluar dhe i lëmë mënjanë. Ngrohni 1 lugë çaji vaj ulliri në një tigan mesatar mbi nxehtësinë mesatare.

b) Shtoni baby spinaqin, domatet, djathin dhe gatuajeni, duke i hedhur, derisa të thahet (rreth 1 minutë).

c) Shtoni vezë; gatuajeni, duke e trazuar herë pas here, derisa të piqet, rreth 1 minutë. Përzieni djathin.

d) I spërkasim me piper të kuq të grimcuar dhe kopër.

82. Kifle me vezë

Përbërësit

Shërbim: 8 kifle

- 8 vezë
- 1 filxhan piper jeshil i prerë në kubikë
- 1 filxhan qepë të prerë në kubikë
- 1 filxhan spinaq
- 1/4 lugë çaji kripë
- 1/8 lugë çaji piper i zi i bluar
- 2 lugë gjelle ujë

Drejtimet

a) Ngroheni furrën në 350 gradë F. Vaj 8 filxhanë për kifle.

b) Rrihni vezët së bashku.

c) Përziejini me piper zile, spinaqin, qepën, kripën, piperin e zi dhe ujin. Hidheni përzierjen në filxhanë për kifle.

d) Piqeni në furrë derisa kiflet të jenë bërë në mes.

83. Vezë të fërguara me salmon të tymosur

Përbërësit

- 1 lugë çajikokositvaj
- 4 vezë
- 1 lugë gjelle ujë
- 4 oz. salmon i tymosur, i prerë në feta
- 1/2 avokado
- piper i zi i bluar, sipas shijes
- 4 qiqra, të grira (ose përdorni 1 qepë të gjelbër, të prerë hollë)

Drejtimet

a) Ngroheni një tigan mbi nxehtësinë mesatare.

b) Shtoni vaj kokosi në tigan kur të jetë i nxehtë.

c) Ndërkohë përzieni vezët. Shtoni vezët në tiganin e nxehtë, së bashku me salmonin e tymosur. Duke i trazuar vazhdimisht, gatuajini vezët derisa të jenë të buta dhe me gëzof.

d) Hiqeni nga zjarri. Sipër shtoni avokado, piper të zi dhe qiqra për t'i shërbyer.

84. Biftek dhe vezë

Shërben 2

Përbërësit-

- 1/2 paund biftek viçi pa kocka ose fileto derri
- 1/4 lugë çaji piper i zi i bluar
- 1/4 lugë çaji kripë deti (opsionale)
- 2 lugë çaji kokosit vaj
- 1/4 qepë, të prerë në kubikë
- 1 spec i kuq zile, i prerë në kubikë
- 1 grusht spinaq ose rukola
- 2 vezë

Drejtimet

a) Sezoni biftekin në feta ose fileton e derrit me kripë deti dhe piper të zi. Nxehni një tigan të zier në zjarr të lartë. Shtoni 1 lugë çaji vaj kokosi, qepë dhe mish kur tigani të jetë i nxehtë dhe skuqeni derisa bifteku të jetë gatuar pak.

b) Shtoni spinaqin dhe piperin e kuq dhe gatuajeni derisa bifteku të bëhet sipas dëshirës tuaj. Ndërkohë ngrohim një tigan të vogël në zjarr mesatar. Shtoni vajin e mbetur të kokosit dhe skuqni dy vezë.

c) Mbi çdo biftek me një vezë të skuqur për ta shërbyer.

85. Piqem me vezë

Përbërësit-

Shërben 6

- 2 gota speca të kuq të grirë ose spinaq
- 1 filxhan kungull i njomë
- 2 lugë gjellekokositvaj
- 1 filxhan kërpudha të prera në feta
- 1/2 filxhan qepë jeshile të prera në feta
- 8 vezë
- 1 filxhan qumësht kokosi
- 1/2 filxhanbajameMiell
- 2 lugë majdanoz të freskët të grirë
- 1/2 lugë çaji borzilok të thatë
- 1/2 lugë çaji kripë
- 1/4 lugë çaji piper i zi i bluar

Drejtimet

a) Ngrohni furrën në 350 gradë F. Vendosni vajin e kokosit në një tigan. E ngrohim në nxehtësi mesatare. Shtoni kërpudhat, qepët, kungull i njomë dhe piper i kuq (ose spinaq) derisa perimet të jenë të buta, rreth 5 minuta. Kulloni perimet dhe i shpërndani mbi enën e pjekjes.

b) Rrihni vezët në një tas me qumësht, miell, majdanoz, borzilok, kripë dhe piper. Derdhni përzierjen e vezëve në enë për pjekje.

c) Piqni në furrë të parangrohur derisa qendra të jetë vendosur (rreth 35 deri në 40 minuta).

86. Frittata

6 racione

Përbërësit

- 2 lugë gjelle ulliri vaj oseavokado vaj
- 1Kungull i njomë, i prerë në feta
- 1 filxhan spinaq i freskët i grisur
- 2 lugë qepë jeshile të prera në feta
- 1 lugë çaji hudhër të shtypur, kripë dhe piper për shije
- 1/3 filxhan qumësht kokosi
- 6 vezë

Drejtimet

a) Ngrohni vajin e ullirit në një tigan mbi nxehtësinë mesatare. Shtoni kungull i njomë dhe gatuajeni derisa të zbuten. Përziejini me spinaqin, qepët e njoma dhe hudhrën. I rregullojmë me kripë dhe piper. Vazhdoni zierjen derisa spinaqi të thahet.

b) Në një tas të veçantë, rrihni së bashku vezët dhe qumështin e kokosit. Hidhni në tigan mbi perimet. Ulni nxehtësinë në minimum, mbulojeni dhe gatuajeni derisa vezët të jenë të forta (5 deri në 7 minuta).

87. Naan / Petulla / Krepe

Përbërësit

- 1/2 filxhan bajame Miell
- 1/2 filxhan miell tapioke
- 1 filxhan qumësht kokosi
- Kripë
- kokosit vaj

Drejtimet

a) Përziejini të gjithë Përbërësit së bashku.

b) Nxehni një tigan mbi nxehtësinë mesatare dhe derdhni brumin në trashësinë e dëshiruar. Pasi brumi të duket i fortë, kthejeni atë për të gatuar nga ana tjetër.

c) Nëse dëshironi që kjo të jetë një krep ëmbëlsirë ose petull, atëherë hiqni kripën. Nëse dëshironi, mund të shtoni hudhër ose xhenxhefil të grirë në brumë, ose disa erëza.

88. Petulla me kungull i njomë

Shërben 3

Përbërësit

- 2 kunguj të njomë të mesëm
- 2 lugë qepë të grirë
- 3 vezë të rrahura
- 6 deri në 8 lugë gjellebajameMiell
- 1 lugë çaji kripë
- 1/2 lugë çaji piper i zi i bluar
- kokositvaj

Drejtimet

a) Ngroheni furrën në 300 gradë F.

b) Grini kungulleshkat në një tas dhe përzieni qepën dhe vezët. Përzieni 6 lugë miell, kripë dhe piper.

c) Nxehni një tigan të madh në zjarr mesatar dhe shtoni vaj kokosi në tigan. Kur vaji të jetë i nxehtë, ulni zjarrin në mesatare-të ulët dhe shtoni brumin në tigan. Gatuani petullat rreth 2 minuta nga secila anë, derisa të marrin ngjyrë kafe. Vendosini petullat në furrë.

89. Kiçe

Shërben 2-3

Përbërësit

- 1 Kore byreku e shijshme e gatuar paraprakisht dhe e ftohur
- 8 oce 'spinaq organik, i gatuar dhe i kulluar
- 6 ons mish derri të prerë
- 2 qepe të mesme, të prera hollë dhe të skuqura
- 4 vezë të mëdha
- 1 filxhan qumësht kokosi
- 3/4 lugë çaji kripë
- 1/4 lugë çaji piper i zi i sapo bluar

Drejtimet

a) Skuqeni mishin e derrit në vaj kokosi dhe më pas shtoni spinaqin dhe qepujt. Lëreni mënjanë pasi të keni përfunduar.

b) Ngrohni furrën në 350F. Në një tas të madh, bashkoni vezët, qumështin, kripën dhe piperin. Rrihni derisa të bëhet shkumë. Shtoni rreth 3/4 e përzierjes së mbushjes së kulluar, duke e rezervuar 1/4 e tjera për të "sipëruar" quiche. Hidheni përzierjen e vezëve në kore dhe vendosni mbushjen e mbetur sipër quiche.

c) Vendoseni quiche në furrë në qendër të raftit të mesëm dhe piqni të patrazuar për 45 deri në 50 minuta.

90. Topa me salsiçe për mëngjes

Rendimenti: 12 porcione

Përbërës

- 2 lugë lëng portokalli, koncentrat i ngrirë
- 2 lugë shurup panje
- 4 segmente Bukë
- 1 vezë e përzier pak
- ½ paund sallam i butë me shumicë
- ½ filxhan Pekan të pjekur në skarë
- 2 lugë gjelle Thekon majdanoz

Drejtimet

a) Thyejeni bukën me lëng portokalli dhe shurup panje. Shtoni vezën dhe përzieni plotësisht.

b) Përziejini me përbërësit e mbetur. Bëni topa të vegjël salsiçesh me diametër rreth 1 inç ose në peta. Skuqini ngadalë në një tigan ose në tigan mbi nxehtësinë mesatare derisa të marrin ngjyrë kafe. Mund të shërbehet si hors d'oeuvre ose shoqërues i makaronave për një darkë familjare. Mund të përgatitet përpara dhe të ngrihet pas gatimit.

c) Ngrohni përsëri në një skarë të ngrohtë përpara se ta shërbeni.

91. Sanduiçe me salsiçe për mëngjes

Rendimenti: 1 shërbim

Përbërës

- Gjalpë ose margarinë e zbutur
- 8 segmente Bukë
- 1 kile sallam derri, i gatuar
- I grimcuar dhe i kulluar
- 1 filxhan (rreth
- 4 ons) djathë çedër i grirë
- 2 vezë, të përziera
- $1\frac{1}{2}$ filxhan qumësht
- $1\frac{1}{2}$ lugë çaji mustardë

Drejtimet

a) Lyejeni gjalpin në njërën anë të secilit segment të bukës.

b) Vendosni 4 segmente, me anën e lyer me gjalpë poshtë, në një shtresë të vetme në një enë pjekjeje katrore 8 inç të lyer me pak yndyrë.

c) sipër çdo segment buke me sallam dhe segmentet e mbetura të bukës, anën e lyer me gjalpë lart. Spërkateni me djathë.

d) Përziejini përbërësit e mbetur; vrull mbi sanduiçe. mbulojeni me kapak dhe vendoseni në frigorifer për të paktën 8 orë.

92. krem chili i pjekur

Rendimenti: 4 porcione

Përbërës

- 2 vezë të mëdha
- 2 te verdha veze te medha
- 1/3 filxhan Sheqer, kafe
- 2 lugë sheqer, kafe
- 1/4 lugë çaji kripë
- 2 gota krem, i rëndë
- 1/4 lugë çaji vanilje
- 2 lugë çaji Chile de Arbol, të pjekura në pluhur

Drejtimet

a) Ngrohni skarën në 300 gradë. Rrihni vezët, të verdhat e vezëve, ⅓ c Sheqerin e kaftë dhe kripën në një enë jo reaktive derisa sapo të përzihen.

b) Përvëloni kremin dhe vaniljen në një tenxhere mbi nxehtësinë mesatare; Hiqeni nga nxehtësia; përzieni me shpejtësi në mënyrë të pjesshme në vezë derisa të jetë e qetë; shtoni përsëri në krem në tenxhere; sillni përsëri pak më poshtë një shtresë kremi të zierjes së pasme të një luge; Hiqeni nga nxehtësia.

c) krem krem në 4 4 ons ramekins; vend në tavën e hotelit; plan tigan në skarë; mbusheni me ujë të mjaftueshëm për të arritur ⅔ lart në anët e ramekins; piqni derisa të piqet (rreth 35 minuta); vendoseni në frigorifer për 3 orë.

d) Për të shërbyer; spërkatni çdo krem me ¼ lugë çaji pluhur djegës; sipërme me sheqer kafe të situr; piqeni në skarë derisa sheqeri të shkrihet, jo të digjet.

93. Sanduiçe me salsiçe për mëngjes

Rendimenti: 1 shërbim

Përbërës

- Gjalpë ose margarinë e zbutur
- 8 segmente Bukë
- 1 kile sallam derri, i gatuar
- 4 ons djathë çedër i grirë
- 2 vezë, të përziera
- 1½ filxhan qumësht
- 1½ lugë çaji mustardë

Drejtimet

a) Lyejeni gjalpin në njërën anë të secilit segment të bukës.

b) Vendosni 4 segmente, me anën e lyer me gjalpë poshtë, në një shtresë të vetme në një enë pjekjeje katrore 8 inç të lyer me pak yndyrë.

c) sipër çdo segment buke me sallam dhe segmentet e mbetura të bukës, anën e lyer me gjalpë lart. Spërkateni me djathë.

d) Përziejini përbërësit e mbetur; vrull mbi sanduiçe. mbulojeni me kapak dhe vendoseni në frigorifer për të paktën 8 orë

e) Hiqeni nga frigoriferi; lëreni të pushojë 30 minuta.

94. Petulla gjermane

Rendimenti: 12 porcione

Përbërës

- Pulë e pjekur në skarë me piper të kuq
- 3 vezë të mëdha
- ⅓ filxhan miell për të gjitha përdorimet
- ⅓ filxhan qumësht
- ¼ lugë çaji kripë
- 1 lugë gjelle Shkurtim perimesh; i shkrirë

Drejtimet

a) Pulë e gatshme e pjekur në skarë me spec të kuq; vendoseni në frigorifer derisa të jeni gati për t'u shërbyer.

b) Ngrohni skarë në 450F. Në enë me madhësi mesatare, me mikser elektrik me shpejtësi të lartë, përzieni vezët derisa të trashet dhe të bëhen me gëzof. Uleni shpejtësinë e mikserit në të ulët dhe gradualisht përzieni me miell, qumësht dhe kripë.

c) Vendosni 2 tigane secila që përmban gjashtë kallëpe $2\frac{1}{2}$ inç në formë zemre ose një tigan kifle me dymbëdhjetë gota $2\frac{1}{2}$ inç në skarë për 5 minuta për t'u ngrohur. Hiqni tiganët nga grila; furçë gota me shkurtimin e shkrirë. Ndani brumin në gota dhe piqni 10 deri në 12 minuta ose më shumë derisa të fryhet dhe të skuqet lehtë.

d) Hiqni petullat nga gota në raft teli. Ftoheni 5 deri në 10 minuta ose më shumë derisa mesi të bjerë, duke lënë një dhëmbëzim të lehtë. Hidhni me lugë pulën me piper të kuq të pjekur në skarë në mes të petullave dhe vendoseni në pjatën e servirjes. Shërbejeni menjëherë. Nëse dëshironi, petullat mund të ftohen plotësisht përpara se të mbushen dhe të shërbehen të ftohta.

e) Nga $\frac{1}{2}$ filxhan piper i ëmbël i grirë në kubikë, lini mënjanë 2 lugë gjelle. Pjesa e mbetur e piperit të kuq vendoset në procesorin e ushqimit të pajisur me tehin e prerjes në kube. Shtoni 3 lugë majonezë, 1 lugë gjelle uthull balsamike, $\frac{1}{4}$ lugë çaji piper të zi të bluar dhe $\frac{1}{8}$ lugë çaji kripë; përpunoni derisa përzierja të bëhet pure. Kaloni në pjatë me madhësi mesatare dhe përzieni 1 filxhan pulë të pjekur në kubikë, 1 qepë të gjelbër, të prerë hollë dhe të rezervuar 2 lugë piper të kuq të grirë në kubikë.

f) Përziejini mirë. Mbulojeni me kapak dhe vendoseni në frigorifer derisa të jeni gati për t'u shërbyer.

PIJE ME VEZE TE FRESHTA

95. Coquito

Rendimenti: 1 porcione

Përbërës

- Rum i lehtë portorikan 13/16-litar
- Qëroni nga 2 lime; (i grirë)
- 6 Të verdhat e vezëve
- 1 kanaçe Qumësht i ëmbël i kondensuar
- 2 kanaçe (të mëdha) qumësht të avulluar
- 2 kanaçe krem kokosi; (si Coco Lopez)
- 6 ons xhin

Drejtimet

a) Gjysmën e rumit me lëvozhgën e gëlqeres e përzieni në blender me shpejtësi të lartë për 2 minuta. Kullojeni dhe vendoseni në një tas të madh. Shtoni pjesën tjetër të rumit.

b) Në blender, përzieni të verdhat e vezëve, të dy qumështin dhe xhinin derisa të përzihen mirë.

c) Hidhni ¾ e kësaj përzierjeje në një tas me rum. E përziejmë pjesën tjetër me kremin e kokosit dhe e përziejmë mirë. shtoni në përzierjen e rumit, përzieni mirë dhe vendoseni në frigorifer.

96. Klasik Amaretto Sour

Rendimenti: 1 pije

Përbërësit

- 1 ½ ons (3 lugë gjelle) amaretto
- ½ ons (1 lugë gjelle) uiski bourbon
- 1 ons (2 lugë gjelle) lëng limoni
- 1 lugë çaji shurup i thjeshtë ose shurup panje
- 1 e bardhe veze
- 2 dash Angostura e hidhur
- Për garniturë: qershi koktej ose qershi Luxardo, fetë limoni

Drejtimet

a) Shtoni amaretton, burbonin, lëngun e limonit, shurupin, të bardhën e vezës dhe bitters në një shaker koktej pa akull. Tundeni për 15 sekonda.

b) Shtoni akullin në shakerin e koktejit. Shkundni sërish për 30 sekonda.

c) Kullojeni pijen në një gotë; shkuma do të mblidhet në krye. Dekoroni me një koktej qershi.

97. Koktej i thartë me uiski

SERVING 1 servirje

Përbërësit

- Uiski 2 ons
- 3/4 ons lëng limoni të saposhtrydhur
- Shurup i thjeshtë 1/2 ons
- 1 e bardhe veze e madhe
- Akull
- 2 deri në 3 pika Angostura Bitters, sipas dëshirës

Drejtimet

a) Kombinoni përbërësit dhe tundni pa akull:

b) Shtoni uiski, lëngun e limonit dhe shurupin e thjeshtë në një shaker koktej, më pas shtoni të bardhën e vezës.

c) Shkundni, pa akull, për 60 sekonda.

d) Shtoni akullin, tundeni sërish dhe më pas kullojeni:

e) Shtoni akull në shaker dhe tundeni sërish për 30 sekonda. Kullojeni në një gotë kokteji dhe hidhni sipër të hidhurat. Shërbejeni!

98. Liker veze gjermane

Serbimet: 2

Përbërësit

- 4 te verdha veze
- 1 filxhan sheqer pluhur
- 1/2 lugë çaji ekstrakt vanilje
- 1/2 filxhan krem pana
- 1/3 filxhan rum

Drejtimet

a) Ndani vezët dhe shtoni të verdhat në një tas me madhësi mesatare. Shtoni sheqerin pluhur si dhe ekstraktin e vaniljes dhe përzieni me mikserin tuaj elektrik të dorës ose me një rrahëse derisa të keni një konsistencë kremoze.

b) Përzieni kremin me rrahje dhe vazhdoni ta përzieni.

c) Tani derdhni ngadalë rumin dhe vazhdoni ta përzieni fuqishëm.

d) Pasi të bëhet shkumë, vendoseni tasin në një banjë me ujë të nxehtë në tenxhere dhe vazhdoni ta përzieni për disa minuta derisa masa të bëhet e trashë dhe kremoze. Sigurohuni që uji në tenxhere të jetë i nxehtë por jo i vluar pasi nuk dëshironi që likeri i vezës të fillojë të flluskojë dhe të humbasë alkoolin e tij. Ju dëshironi të ngrohni likerin e vezëve në rreth 160 gradë Fahrenheit.

e) Hidheni likerin e vezëve në gota për ta pirë menjëherë ose në shishe të dezinfektuara për ta mbajtur për më vonë.

Nëse përdorni pajisje të pastra dhe vezë të freskëta, likeri i vezëve duhet të ruhet në frigorifer për rreth 4 muaj.

99. Kafe me vezë vietnameze

Serbimet: 2 gota

Përbërësit

- 12 oz. ekspres
- 1 e verdhe veze
- 4 lugë gjelle qumësht i kondensuar i ëmbëlsuar

Drejtimet

a) Krijoni 2 gota ekspres

b) Rrihni të verdhën e vezës dhe qumështin e kondensuar të ëmbëlsuar derisa të bëhen maja të lehta me shkumë ose të butë.

c) Shtoni përzierjen e vezëve sipër ekspresit.

100. Zabaglione

Serbimet: 4

Përbërësit

- 4 te verdha veze
- 1/4 filxhan sheqer
- 1/2 filxhan Marsala verë e thatë ose tjetër e bardhë e thatë
- disa degë menteje të freskët

Drejtimet:

a) Në një legen rezistent ndaj nxehtësisë, përzieni të verdhat dhe sheqerin derisa të zverdhen dhe të shkëlqejnë. Marsala më pas duhet të futet brenda.

b) Sillni një tenxhere mesatare të mbushur përgjysmë me ujë në një valë të ulët. Filloni të rrahni përzierjen e vezëve/verës në tasin rezistent ndaj nxehtësisë sipër tenxheres.

c) Vazhdoni të rrihni për 10 minuta me rrahës elektrik (ose një kamxhik) mbi ujë të nxehtë.

d) Përdorni një termometër me lexim të menjëhershëm për të siguruar që përzierja të arrijë 160°F gjatë periudhës së gatimit.

e) Hiqeni nga zjarri dhe vendosni zabaglione mbi frutat e përgatitura, duke e zbukuruar me gjethe të freskëta nenexhiku.

f) Zabaglione shërbehet po aq e shijshme mbi akulloren ose më vete.

PËRFUNDIM

Mendoni se dini gjithçka që duhet të dini për vezët dhe si të gatuani dhe piqni me to? Mendohu perseri! "Fresh Eggs Daily Cookbook" ju ka treguar mënyra të reja dhe emocionuese për të përfshirë vezë të freskëta në repertorin tuaj të gatimit dhe pjekjes, çdo ditë. Nga ushqimi tradicional i mëngjesit deri te supat, sallatat dhe pjatat kryesore, si dhe opsionet e darkës së përzemërt, si dhe ëmbëlsirat.

www.ingramcontent.com/pod-product-compliance
Lightning Source LLC
Chambersburg PA
CBHW070651120526
44590CB00013BA/911